# 中国式礼仪

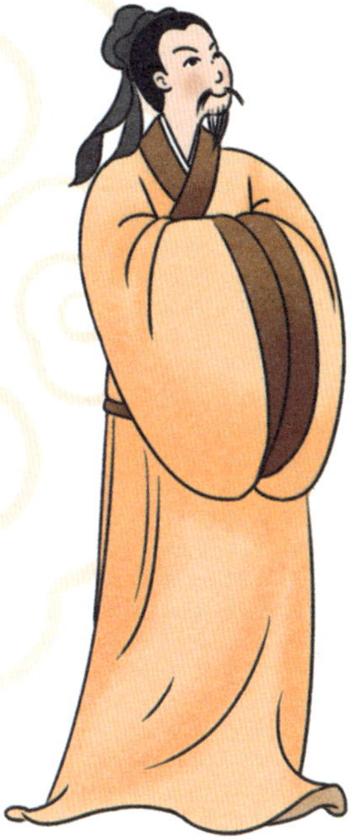

刘鹤 ◎ 著

内蒙古文化出版社

## 图书在版编目（CIP）数据

中国式礼仪 / 刘鹤著. — 呼伦贝尔：内蒙古文化出版社，2024.4
ISBN 978-7-5521-2508-5

Ⅰ.①中… Ⅱ.①刘… Ⅲ.①礼仪－中国 Ⅳ.①K892.26

中国版本图书馆CIP数据核字(2024)第086201号

## 中国式礼仪
ZHONGGUO SHI LIYI

刘鹤 著

**责任编辑** 李辉
**装帧设计** 黄辉

**出版发行** 内蒙古文化出版社
**地　　址** 呼伦贝尔市海拉尔区河东新春街4付3号
**直销热线** 0470-8241422　　邮编 021008

**印刷装订** 河北松源印刷有限公司
**开　　本** 880mm×1230mm　　1/32
**字　　数** 45千
**印　　张** 8
**版　　次** 2024年4月第一版
**印　　次** 2024年9月第二次印刷
**书　　号** ISBN 978-7-5521-2508-5
**定　　价** 48.00元

**版权所有　侵权必究**

如出现印装质量问题，请与我社联系。联系电话：0470-8241422

# 目 录

## 社交礼仪 /1

迎宾礼 / 3

做客礼 / 7

入座礼 / 11

送客礼 / 15

馈赠礼 / 19

赴宴礼 / 23

敬茶礼 / 27

敬酒礼 / 31

筷子礼 / 35

敬称礼 / 39

谦称礼 / 43

跪拜礼 / 47

作揖礼 / 51

鞠躬礼 / 55

书信礼 / 59

# 目 录

**家庭礼仪 /63**

仪态礼 / 65

衣着礼 / 69

孝道礼 / 73

请安礼 / 77

敬老礼 / 81

侍疾礼 / 85

尊老礼 / 89

居家礼 / 93

诞生礼 / 97

成年礼 / 101

婚　礼 / 105

寿诞礼 / 109

丧　礼 / 113

祭祀礼 / 117

五服礼 / 121

## 目录

### 日常生活礼仪 /125

起居礼 / 127

洒扫礼 / 131

仪态礼 / 135

问安礼 / 139

挚见礼 / 143

待客礼 / 147

称谓礼 / 151

谈话礼 / 155

迎送礼 / 159

饮食礼 / 163

交往礼 / 167

辞别礼 / 171

入学礼 / 175

读书礼 / 179

写字礼 / 183

## 节日风俗礼仪 /187

除　夕 / 189

春　节 / 193

元宵节 / 197

社日节 / 201

上巳节 / 205

寒食节 / 209

立　春 / 213

清　明 / 217

端午节 / 221

七夕节 / 225

中元节 / 229

中秋节 / 233

重阳节 / 237

腊八节 / 241

小　年 / 245

# 社交礼仪

中华民族自古以来就格外看重人际间的社交礼仪，从西周开始，礼乐制度就逐渐在中国社会中成型和发展起来，并不断地被修正、完善、继承和发扬。礼仪规范着人们的道德与行为，同时也是文明与野蛮的分界线。

"礼尚往来。往而不来，非礼也；来而不往，亦非礼也。"古人在社交往来、待人接物等过程中遵循着不同历史时期的礼仪规范和风俗习惯，逐渐形成了一整套完备的社交礼仪，融入渗透到传统社会的方方面面。我们只有了解并掌握规范的社交礼仪，才能在人际交往中创造出和谐融洽的气氛，体现中华民族热情好客的风尚与文明礼貌的风范。

# 迎宾礼

"有朋自远方来，不亦乐乎。"中华民族是一个好客的民族，擅长以传统文化之礼，迎远道而来之宾，同时形成了一套完整的待客社交礼仪。这套礼仪不仅促进了主人与客人之间人际关系的和谐，而且也展现了礼仪之邦的魅力。

中国式礼仪

 礼仪小故事

## 从谂禅师的待客之道

有一次,赵王特地去赵州拜访从谂禅师。从谂禅师躺在床上,说:"大王!我年纪大了,没有力气下床接待你,请多包涵。"赵王没有生气。第二天,赵王派一位将军给从谂禅师送几样礼物。从谂禅师一听将军来了,马上下床到大厅迎接。

赵王府上的一个仆人听说了这件事,想要讨好赵王,便来找从谂禅师问罪。从谂禅师听说了,远远地走出前门迎接他。仆人质问道:"赵王来了,你不下床迎接。而赵王派将军送礼来了,你却到客堂迎接,你为什么这么做?"

从谂禅师笑了笑,说:"我的待客之道有上中下三等分别。第一等人来时,我在床上用本来面目接待他;第二等人来时,我到大厅里用礼貌接待他;第三等人来时,我按照世俗的应酬,到前门去迎接他。"

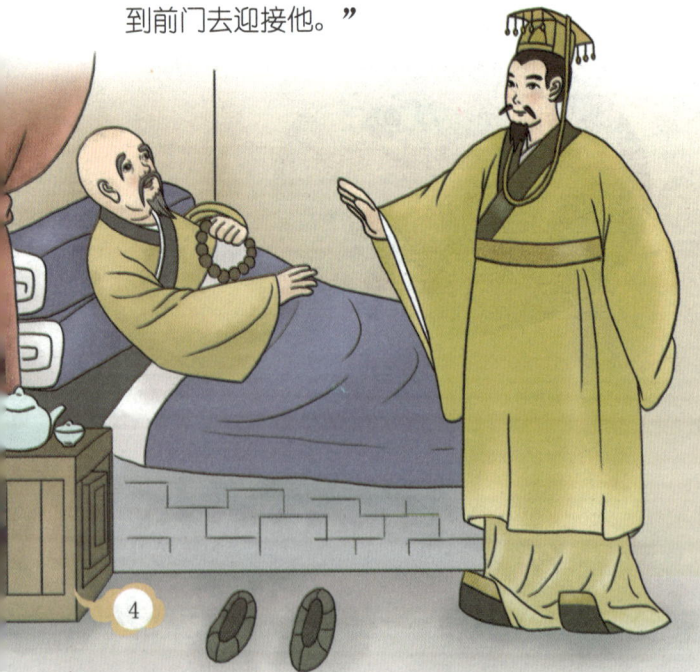

## 仪容要端正

《弟子规》上说:"冠必正,纽必结。"当有客人来家里拜访时,主人应当提前将家里收拾整洁,及时更换干净的衣物,用端庄的仪容等待客人。特别是在夏天,主人不能随意穿着不齐整的衣服出门,这样是对客人的不尊重。

## 带客人进门

当客人来到家门口的时候,主人应当主动迎出门去,在门外与客人拱手行礼。然后,主人伸出右手请客人进门,客人向主人微微鞠一躬表示回礼后,才能进门。主人要走在前面给客人带路,客人跟在后面进屋。

## 拂席与扫榻

当客人进屋以后,主人会亲自擦去座席上的灰尘,或者拂去榻上的尘垢,再请客人就坐,表示对客人的欢迎与敬意。

中国式礼仪

## 请客人上座

进屋以后,各人入座也是有讲究的。主人应该请客人坐在上座,自己坐在客位的位置。等客人坐下以后,主人才能跟着坐下。

## 不要在客人面前争吵

《常礼举要》上说:"家庭之事,不可向外人说。"当家里有人做客的时候,主人不能当着客人的面与家人发生争吵或者打骂,这样会让客人尴尬万分、如坐针毡,对主人和客人都显得非常不尊重。

## 介绍客人

如果屋内已经有了其他的客人,当主人带着新客人进屋以后,应当主动进行介绍。介绍的顺序是:先把年幼的客人介绍给年长的客人,把地位比较低的人介绍给地位高的人;再把年长的、地位高的人介绍给年幼、地位低的人。

## 不要冷落客人

主人招待客人的时候,应当尽量提起客人感兴趣的话题,让客人觉得有话可说。如果出现冷场那就非常尴尬了。

# 做客礼

孟子说："不以规矩，不成方圆。"我们的老祖宗传下来了许多关于做客的礼仪和规矩，无论时代如何变迁，这些基本的礼节都是不能被人们遗忘的。我们上门做客的时候注意礼节，不仅是对主人的尊重，而且也体现了自己的礼貌和修养。

中国式礼仪

 礼仪小故事

## 王安石待客

　　王安石做宰相的时候,亲戚萧公子到京城来拜访他。萧公子精心打扮一番前去赴宴,心想王安石一定会用盛宴招待他。可是,王安石一向讨厌铺张浪费,吃饭时间过了很久,他才招呼萧公子入座。餐桌上只摆放了两块胡饼和四份切好的肉,旁边放了一些简单的蔬菜。萧氏子嫌弃菜肴不好,只勉强吃了胡饼中间的一小块,把四边都扔在盘子里。王安石看见了,伸手把剩下的饼拿过来自己吃了,萧公子只好惭愧地告辞了。

## 做客要带些礼物

我们去别人家做客的时候，不能空着手上门，应当带一些礼物表示友好。但是，礼物不要选择太贵重的东西，这样会让主人担心你有事求他，产生不必要的心理负担。最好根据主人的喜好或者需要选择一些有特色的小礼物，既不贵重，又能留下深刻的印象。

## 相互介绍

如果家里已经来了其他的客人，看见新客人进来，大家都应该起立。这时，主人会为新来的客人一一介绍众人。大家相互行礼以后，众人先坐下，新来的客人才能坐下。

## 不要打听对方的家庭隐私

《弟子规》说："人有私，切莫说"。在与主人聊天的时候，切记不要追问对方的家庭隐私。家家有本难念的经，对主人家的私事过于好奇，是非常不礼貌的行为，会让主人觉得讨厌和尴尬。

### 不要传递负面情绪

孔子说:"不迁怒,不贰过。"意思就是不要把自己的负面情绪传染给他人。当我们去做客的时候,应当情绪稳定、乐观积极地与主人沟通交流,而不能将对方当作自己情绪的垃圾桶,对他人发火、抱怨和哭闹。

### 约束自己的行为

孟子说:"仁者爱人,有礼者敬人。"意思是仁慈的人爱人,有礼貌的人尊敬人。客人未经许可,不应当在主人家里四处走动、东张西望,或者随意翻动主人家里的物品,这些都是极不礼貌的行为。

### 不要突然造访

去他人家里做客之前,应该提前和主人打招呼,不要突然造访,以免给主人带来不必要的麻烦;要是主人恰好外出不在家,我们也会白跑一趟。如果主人没有向我们提出邀请,应当避免在用餐时拜访主人。

# 入座礼

在中国的传统礼仪中，入座是极为讲究的，因为它是区别尊卑高下的标志之一，同时也表示了主人对在场所有宾客的尊重。我们了解和掌握一些入座礼仪，会对日常生活中的人际交往产生极大的帮助。

## 不要以貌取人

苏轼游完莫干山,来到山腰的一座寺庙游玩。道士见苏轼衣着朴素,冷冷地对他说:"坐!"又对小童吩咐道:"茶!"苏轼坐下喝茶,随便和道士谈了几句,道士见他谈吐得体,便请他来到大殿,摆下椅子说:"请坐!"又吩咐小童:"敬茶!"苏轼继续和道士谈话,道士觉得他不是普通人,便询问苏轼的名字。当他知道苏轼是杭州通判时,连忙请苏轼进入客厅,恭恭敬敬地说:"请上座!"又吩咐随身道童:"敬香茶!"苏轼觉得道士太势利,很快就告辞了。临别时,道士请苏轼题字留念,苏轼挥笔写下了一副对联:"坐请坐请上座,茶敬茶敬香茶!"

## 请客人先入座

当家里有客人的时候，准备就餐时，主人应当请客人先入座，这样表示了对客人的重视和尊重。

## 请长者入座

家里有长者在场的时候，主人应当先请客人入座，然后依次请长者坐在客人的旁边，晚辈们最后依次入座。

## 门朝大门为上座

面朝大门的位置通常是上座，我们应该把这个座位留给入座宾客中威望最高的长者。主人最后一个入座，通常坐在离门最近的座位上。

### 从椅子左边坐下

当我们入座时,坐座位的方向也是有讲究的。人们通常从椅子的左边进去,然后端端正正地坐在椅子上。

### 入座后不要动筷

我们入座以后,应该安安静静地端坐在座位上等待上菜。这时不要乱动筷子,也不要弄出各种各样的声响。要等到客人都坐齐了,主人向大家打了招呼以后,再拿起筷子用餐。

### 及时起立

当菜品端上来的时候,客人应当起立,表示礼貌。当有贵客突然到来时,其他客人也应当及时起立,表示对新来客人的恭敬。

### 有事要打招呼

入座以后,如果我们中途需要出去处理一点儿事情,或者想去上一趟洗手间,应该跟邻座的宾客打个招呼再离开,不能一声不响地默默走开,这样显得没有礼貌。

# 送客礼

古代人不光请客、迎宾有一番讲究，就连送客也有一套约定俗成的礼仪。在日常生活当中，无论是待客礼，还是送客礼，都表达了我们对待客人的热情方式。

中国式礼仪

## 马上送客

　　一个炎炎夏日，一位新上任的县令前去拜谒巡抚大人。按照当时官场的礼节，县令拜访官员的时候，是不能带扇子的。但是，这位新县令并不懂得这些规矩，他不仅拿着一把折扇进了巡抚衙门，还不停地给自己扇风乘凉。巡抚看见他的举动，心里非常不高兴。于是，当县令脱帽的时候，巡抚赶快端起了自己的茶杯。侍卫们见了，马上高呼"送客"。县令听见巡抚的逐客令，只好尴尬地离开了。

### 送于门外

送客的时候,主人要将客人送到大门外面,然后对客人拜两次。客人不需要答拜,直接离开就可以了。

### 不要回头

当客人离开主人家的时候,要记住不能回头张望,只需要一路前行即可。

### 短送与长送

主人把客人送出大门,称为短送。长送则是主人将客人送出一段路,或三五里,或十里八里。一些有文采的主人还会在

送别时为客人赋诗一首,以此渲染送别之情。

## 点汤送客

宋代流行迎客喝茶,送客则喝用甘草香药熬煎的汤水,这就是"点汤送客"。一旦客人喝到这种汤水,就知道自己应该告别离开了。

## 端茶送客

清朝以后,人们用茶饮取代了甘草药汤。如果主人有事需要送客的时候,也用不着说什么话,只要端起茶杯,客人就明白主人的意思了。

## 感谢客人的礼物

客人来访时,通常都会给主人带来一些礼物。主人应当收下礼物,并感谢客人的一番心意。当客人告辞时,主人也应该回送客人一些特产或礼品,表示礼尚往来。

# 馈赠礼

中国人讲究"礼尚往来",在我们与他人的人际交往当中,经常需要相互赠送礼物。向他人馈赠适当的礼品,可以表达自己的情意,增进与对方的友谊,是社交活动中必不可少的礼仪方式。

## 千里送鹅毛

相传唐朝贞观年间,回纥国的一位使臣缅伯高奉国王的命令,带宝物向唐朝国王进贡。缅伯高带了一只当时非常罕见的白天鹅,当他长途跋涉来到湖北沔阳地区的时候,抱着白天鹅去湖边喝水,却一不小心让天鹅飞走了,只留下了几根羽毛。缅伯高非常难过,只好用丝绸把天鹅羽毛包裹起来,还附了一首自己写的诗:"天鹅贡唐朝,山高路遥遥;沔阳湖失宝,倒地哭号号;上覆唐天子,请饶缅伯高;礼轻情义重,千里送鹅毛。"唐太宗看到缅伯高的诗以后,明白他的诚意,收下了他这份千里送鹅毛的情义。从此以后,"千里送鹅毛,礼轻情义重"的歇后语就这样传开了。

### 真诚感谢对方的礼物

当有人给我们赠送礼物的时候，无论我们喜不喜欢，都应当真诚地感谢对方的心意，而且不应当根据价钱的高低来判断礼物的价值。要知道，对方对我们的情谊才是最珍贵的。

### 不要明问对方喜欢什么礼物

《礼记·曲礼上》说："与人者不问其所欲。"意思是说我们给别人送礼物的时候，不能直截了当地询问对方喜欢什么礼物。所以，我们要在日常生活中多留心对方的喜好和需求，尽量投其所好地给对方送礼。

### 把礼物包裹好

送给对方的礼物应该包裹齐整，除了礼物原有的外包装以外，我们还可以再增加一层包装，显得更加郑重。《仪礼·士相见礼》中说，如果用鸡或者鹅作为赠送的礼物，那么在赠送以前，应当用绳子系好鸡或者鹅的足，然后再用好看的布把它们包裹起来，这样才能送给对方。

中国式礼仪

### 向他人回赠礼物

我们收到他人赠送的礼物以后，在合适的时间，应该向对方回赠礼品，表示礼尚往来。除非是情意特别深厚的友人，或者家里人赠送的礼物，可以不用回赠。

### 亲自送礼物上门

给别人赠送礼物的时候，不能让对方自己来家里取，这样做是非常失礼的行为。《礼记·曲礼上》说："赐人者不曰来取。"就指的是这一点。我们应当亲自将礼物送上门，实在不方便的时候，也可以请其他人代送礼物，但万万不可叫对方过来取礼物。

### 避开其他客人送礼

如果我们去对方家里送礼物的时候，恰好遇到了其他客人，那么，最好能避开其他人，改天再登门拜访。如果当着其他客人的面送上礼物，会使主人和客人都感到尴尬。

# 赴宴礼

中国的饮食文化源远流长,从周代开始,赴宴的礼仪就成为了饮食文化的一部分。这些餐桌上的礼仪能够反映出我们的修养和家教,它不仅是中国传统礼仪的重要组成部分,而且是人际交往中重要的行为规范之一。

中国式礼仪

 礼仪小故事

## 一视同仁

孟尝君招待食客几千人，这些人的身份贵贱不同，但都和孟尝君吃同样的饭菜。有一天，孟尝君宴请一位刚刚投奔自己的侠客。吃饭的时候，那位侠客左顾右盼，想知道孟尝君吃什么东西。由于光线有些暗淡，侠客以为孟尝君给自己开小灶，非常生气。孟尝君连忙把自己的饭菜端过来，结果和侠客的饭菜一模一样。侠客看见了，觉得自己太失礼了，羞愧难当，于是当场向孟尝君道歉。

## 尊敬长辈

《礼记》上说"长者辞，少者反席而饮；长者举未釂，少者不敢饮。"意思是当晚辈陪长辈饮酒时，长辈如果要赐酒，晚辈要立即站起来，到酒樽的地方跪拜接受。当长辈举起酒杯，还没有喝完酒的时候，晚辈不能先喝掉自己杯子里的酒。

## 坐得靠后一些

《礼记·曲礼》中说："虚坐尽后。"意思是我们参加宴会时，如果与地位高的人或者长者坐在一起，那么，我们应当坐得比他们靠后一些，这样才能表示我们的谦恭。

## 坐得靠前一些

《礼记·曲礼》中说："食坐尽前。"意思是当宴会开始了，

我们准备吃饭的时候，应该尽量坐得靠前一些，使身体靠近摆放饭菜的桌子，以免有食物不小心掉落下来，弄脏了身下的坐席。

## 该起立时要起立

《礼记·曲礼》中说："食至起，上客起，让食不唾。"意思是说当宴会开始以后，仆人将饭菜端上来的时候，客人应当起立。当有贵客入席的时候，其他的客人也要起立，表示恭敬。主人让食物，客人要热情地取用食物，不能置之不理。

## 吃饭不要用筷子

《礼记·曲礼》中说："饭黍毋以箸。"意思是吃饭不要用筷子，但也不能直接用手抓饭吃。吃饭要用勺子，筷子是用来夹菜的，不能与勺子混着用。如果汤羹里有菜，就必须使用筷子夹着吃，不能直接用嘴吸取。

## 不能当众剔牙

吃饭的时候如果塞牙了，不能当众剔牙，应当等到饭后解决，否则会显得非常不礼貌。

# 敬茶礼

"淡酒邀明月,香茶迎故人。"我国从古代起就有"客来敬茶"的礼仪,早在三千多年前的周朝,茶就已经成为了人际交往时的社交礼仪。如今,来客敬茶也成为了我们日常社交和家庭生活中常见的礼仪之一。

## 礼仪小故事

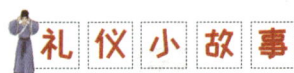

### 倒茶只倒七分满

有一次，王安石让苏东坡带一些长江中峡的水回来泡茶。两人见面以后，王安石拿出皇帝赏赐的茶，用长江水泡茶。可是，王安石倒茶的时候只给茶杯倒了七分满，苏东坡觉得他太小气，生气了。王安石解释说：“泡茶使用的三峡水来之不易，而皇帝赏赐的茶叶更是宝贵。我只倒七分茶，这样才能说明这杯茶的珍贵，才能表达出对它的珍惜。”

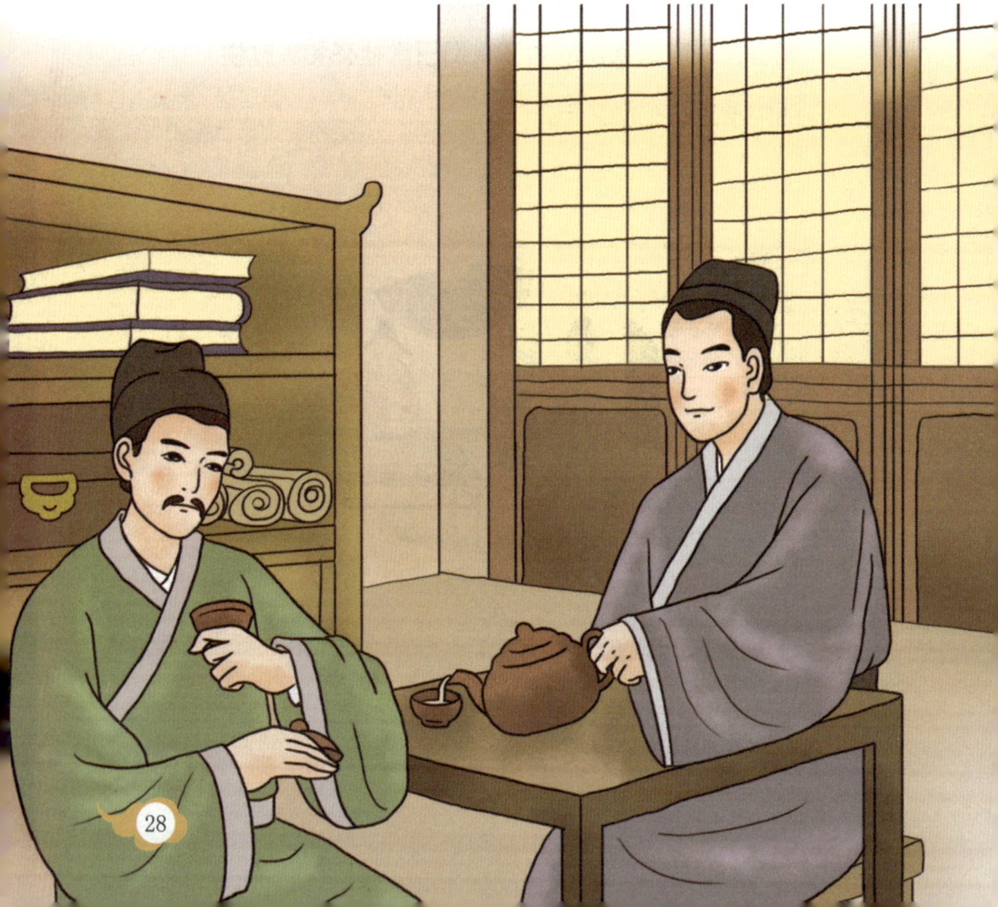

## 茶具要清洁

给客人沏茶之前,我们一定要把茶具洗干净。特别是那些不经常使用的茶具,要仔细地用清水洗刷几遍,最好再用开水烫一遍,保持茶具的清洁卫生。

## 敬茶待客征求意见

给客人敬茶是有讲究的。沏茶前,要先征求客人意见,根据客人的口味选择茶的品种。沏茶时,要用茶具取茶叶,切记不要用手直接抓茶叶,这样会显得对客人不尊重,而且也不够卫生。

## 茶叶要适量

沏茶时放置的茶叶不要太多,也不能太少。如果茶叶放得太多,茶味太浓;茶叶放得太少,茶水又会没有味道。主人应当先询问客人对于浓茶和淡茶的喜好,根据客人的日常习惯取放茶叶。

## 茶不要太满

俗话说:"酒满茶半。"给客人沏茶时,茶不要倒太满,一般给茶杯里倒七八分满比较合适。沏茶的水也不要太烫,以免客人在端茶或喝茶时不小心被开水烫伤。

中国式礼仪

### 端茶要得法

给客人端茶的时候，应当用双手端茶。对于那些带有杯耳的茶杯，我们要用一只手抓住杯耳，另一只手托住茶杯底部，把茶端给客人。

### 添茶要及时

看见客人的茶杯空了，应当及时去给客人添茶。先把客人的茶杯添好，最后再给自己添茶，这样能表现出对客人的尊重。

### 及时换茶

当主人与客人一起喝茶的时候，如果这时有新的客人来到，主人要表示欢迎，并立即换上新茶待客。主人换茶以后，新沏好的茶要请新客先喝。

# 敬酒礼

《汉书》中说:"酒为百礼之首。"酒从一开始就是作为一种礼仪出现的,古人也把宴会称作酒席,并在敬酒过程中制定了许多礼节。主人举办宴会时,只有把邀客、迎客、入席、敬酒等规矩毫无遗漏地完成了,才算是礼数周全。

## 礼仪小故事

### 喝酒不行礼

《世说新语》中有这样一个故事：孔文举有两个儿子，大的儿子六岁，小的儿子五岁。有一次，孔文举白天躺在床上睡觉，小儿子悄悄溜到床头来偷酒喝。大儿子看见了，对小儿子说："你喝酒为什么不先行礼呢？"小儿子瞪了大儿子一眼，回答说："我喝的是偷来的酒，还行礼干什么？"

## 喝酒先洗爵

"爵"是古代的饮酒用具，分为客爵、介爵、酢爵等。客爵指主人递过去敬献客人的酒具，介爵是宾客自饮用的酒具，酢爵是回敬主人用的酒具。古人喝酒时，要当着客人的面把"爵"洗干净，以表示对客人的尊敬。

## 四步礼仪

古代饮酒的礼仪主要有"拜、祭、啐、卒爵"四步。人们先端着酒杯做出拜的动作，表示敬意；接着把酒杯里的酒倒出一点在地上，祭谢大地生养之德；然后尝尝酒味，并加以赞扬；最后端起酒杯一饮而尽。

## 跪拜敬酒

在宴会上有人敬酒的时候，敬酒的人和被敬酒的人都要"避席"、起立。晚辈给长辈敬酒的时候，一定要走到长者席前，拜倒在地上再敬酒。只有当长者说不用以后，晚辈才能返回自己的席位。

**中国式礼仪**

### 只能喝三杯

《礼记·玉藻》中说:"君子之饮酒也,受一爵而色洒如也,二爵而言言斯,礼已三爵而油油,以退,退则坐。"意思是正人君子饮酒要适可而止,应该以三杯酒为限度。喝了三杯酒以后,就应该放下杯子,退出酒宴。

### 后干为敬

现代人喝酒的时候喜欢说"先干为敬",而古人却是"后干为敬"。《礼记·曲礼》中说:"侍饮于长者……长者举未爵,少者不敢饮。"意思是说人们陪长辈喝酒的时候,如果长辈没有举杯喝酒,晚辈们就不能喝。

### 每个人都要喝

唐朝以后,人们有了桌椅,不再席地而坐。这时,人们开始围着桌子相互敬酒,大家轮着喝,一喝就是一圈。这种饮酒方式就叫做"行酒"或者"巡酒",在座的每个人都必须喝,谁也逃不掉。

# 筷子礼

筷子是中国特有的餐具，使用筷子进餐在整个人类文明史上都是一件值得骄傲的发明。一双简简单单的筷子，在它的使用中蕴藏了许多古代礼仪文化，这些礼仪无形中体现了一个人的家庭教养、文化素质和礼仪素养，需要引起我们的重视。

中国式礼仪

🧍 礼 仪 小 故 事

## 表彰正直

唐玄宗时期有一位贤德的宰相名叫宋璟。宋璟一身正气，为人正直，处处为老百姓着想，深得百姓们的拥护。有一次，唐玄宗举行宴会，当众将自己用的金筷子赐给了宋璟。宋璟觉得自己无功受禄，接受了赏赐，却不敢谢恩。唐玄宗笑着对他说："赏赐你金筷子，并不是为了赐你黄金，而是以'筷子'表彰你的正直啊。"

### 不要将筷子长短不齐地放在桌上

在用餐前或者用餐的过程中，我们不能将筷子长短不齐地放在桌子上，这叫做"三长两短"，其中含有死亡的寓意，在餐桌上是非常不吉利的，特别会受到一些老一辈人的讨厌。

### 不要用嘴嘬筷子

有些人喜欢将筷子的一头放在嘴里，津津有味地嘬来嘬去，还发出一些奇怪的声音。这是一种非常没有礼貌的行为，会让周围的人生厌，并觉得有失家教。

### 不要用筷子翻动盘子里的菜

有些人吃饭的时候，喜欢用筷子在菜盘里来回划拉，寻找自己爱吃的菜。这种做法极其令人反感，属于餐桌上严令禁止的行为。

### 不要用筷子敲打碗盘

有的人吃饭时一激动，会用筷子敲打碗盘，发出阵阵声响。过去，只有乞丐向人乞讨食物的时候才会敲碗，我们在餐桌上敲碗属于是没有教养的举动。

中国式礼仪

### 不能把筷子插在米饭里

吃饭时，如果临时遇到事情，有人会把筷子直直地插在米饭上面。这种做法是很难让其他人接受的，因为插筷子的样子很像上香，会使人觉得不吉利。

### 不要用筷子指人

我们吃饭的时候，切记不要用筷子指着其他人。这种举动带有指责他人的意思，会引起不必要的争端，侮辱性非常强。

# 敬称礼

中国自古以来就以"礼仪之邦"闻名于世。称谓是社交礼节的重要组成部分，古人对此极为重视，在日常的人际交往中，像怎么尊称他人，怎么称呼与他人有关的事物等都有约定俗成的礼仪规则。

中国式礼仪

**礼仪小故事**

## "足下"的来历

介子推是春秋时期的一位隐士,曾经对辅助晋文公即位立下了汗马功劳。后来,他不求赏赐,带着母亲隐居在绵山中。晋文公为了让他出山接受封赏,下令放火烧山。可是,介子推抱着一棵大树,宁愿被火烧死也不愿意出山。晋文公见此情此景,悲叹不已,命令手下砍倒那棵大树,用树干做成一双木屐。晋文公望着木屐,哀叹道:"悲乎足下。"从此,"足下"就变成了一种敬称。

## 称呼对方的亲属

我们称呼对方的亲属时,要用"令"字,意思是"美好的"。比如,我们可以称呼对方父亲为令尊,称呼对方母亲为令堂,称呼对方哥哥为令兄,称呼对方儿子为令郎,称呼对方女儿为令爱等等。

## 称呼与对方有关的人或物

我们称呼与对方有关的人或物时,要用"尊"字。比如,我们应当称呼对方父母为尊上,称呼对方为尊驾,称呼对方亲戚为尊亲等。称呼平辈或晚辈时要用"贤"字,比如,称呼对方的弟弟为贤弟。

## 称呼与对方有关的事物

我们称呼与对方有关的事物时,要用"贵"字。比如,我们问他人要做什么时,要说贵干;问对方年龄时,要说贵庚;问他人姓什么时,要说贵姓;称呼对方的儿子时,要说贵子;提到对方的病,要说贵恙。

中国式礼仪

## 称呼别人的事物

我们称呼别人的事物时,要用"高"字。比如,我们提到对方对事物的见解,要说高见;对方离开原来的职位就任较高的职位,我们要说高就;询问老人的年龄,要说高寿;称呼六十岁以上的老人,要说高龄。

## 行为动作涉及到对方

当我们自己的行为动作涉及到对方时,要用"拜"字。比如,我们阅读了对方的文章,要说拜读;向对方告辞时,要说拜辞;访问对方,要说拜访;托对方办一些事情,要说拜托;祝贺对方,要说拜贺。

## 自己的动作涉及到对方

当我们自己的动作涉及到对方时,要用"奉"字。比如,归还他人的物品,要说奉还;陪伴他人,要说奉陪;劝告他人,要说奉劝;赠送他人物品,要说奉送;迎接他人,要说奉迎;在书信中回复他人,要说奉复。

# 谦称礼

  谦虚是中华民族的传统美德,所以古人会以谦虚的姿态称呼自己。人们在言谈和文字当中准确得体地使用谦词,可以显示出谦谦君子的风范,体现出一个人的品德与修养。

## 礼仪小故事

### 荆钗布裙

《列女传》中有一个小故事：一个名叫梁鸿的人，他的妻子名叫孟光。孟光是一个生活非常简朴的女人，平日里她总是把一根荆枝插在发髻里面当作发钗，身上穿的也是用粗布做成的衣裙。后来，人们就用"拙荆"来谦称自己的妻子。

## 称呼与自己或有关的人

我们称呼与自己有关的人时,要用"贱"字。比如,谦称自己的姓,要说贱姓;对别人称呼自己的妻子,可以说贱内等。有时也可以用"鄙"字或"愚"字来谦称,比如,谦称自己,可以说鄙人;对比自己年龄小的人谦称自己,可以说愚兄。

## 称呼与自己有关的事物

我们称呼与自己有关的事物时,要用"拙"字。比如,我们称呼自己的见解为拙见,称呼自己的妻子为拙荆,称呼自己的作品为拙作,称呼自己的文章和书画为拙笔等等。

## 对别人称呼自己的亲戚

当我们对别人称呼自己辈分高或年纪大的亲戚时,要用"家"字。比如,称呼自己的父亲,要说家父、家尊、家严;称呼自己的母亲,要说家母、家慈;称呼自己的兄长,要说家兄;称呼自己的姐姐，要说家姐；称呼自己的叔叔，要说家叔等等。

### 称呼与自己有关的人

我们对别人称自己或与自己有关的人或事物时，要用"小"字。比如，称呼自己，要说小可；男性对朋友或熟人谦称自己，要说小弟；称呼自己的儿子，要说小儿；称呼自己的女儿，要说小女；年轻的读书人称呼自己，要说小生等等。

### 冒昧地请求别人

我们冒昧地请求别人时，要用"敢"字。比如，冒昧地询问他人事情，要说敢问；请求他人做某些事情，要说敢情；冒昧地麻烦他人，要说敢烦等等。

### 麻烦别人时的客气话

当我们请别人做事时，需要对对方说一些客气话，这时就要用"劳"字。比如，麻烦别人时，要说劳驾、劳烦；请人办事时，要说劳神等等。

# 跪拜礼

跪拜礼是中国古代向对方表示崇高敬意的礼节，也是中国古代使用时间最长、最频繁的一种礼节。起初，跪拜礼是商朝统治阶级的传统礼仪，用于供奉祖先、祭祀上天、宾主相见等场合。后来，周朝人将它完善规范，形成了一种系统的礼仪制度。

中国式礼仪

礼仪小故事

## 跪拜之礼

汉高祖时期，刘邦提倡"以孝治天下"，便隔几天就去给他爹刘太公磕头问安。后来，有人对刘太公说："高祖虽然是你的儿子，但他也是皇帝；你虽然是高祖的爹，但也是臣子。你让皇帝跪拜臣子，这样做恐怕不太妥当吧？"刘太公觉得此言有理，于是，等刘邦再来看望他的时候，他就跪在门口迎接儿子。刘邦看见刘太公跪在门口，吓坏了，儿子怎么能让爹给自己磕头呢？为了解决这件事，刘邦最后决定尊刘太公为太上皇。这样一来，刘邦终于可以名正言顺地向自己的爹跪拜了。

## 什么是"拜"?

《周礼》把跪与其他肢体动作结合所形成的礼仪动作称为"拜",规定凡拜必跪。当时的"拜"分为稽首、顿首、空首、振动、吉拜、凶拜、奇拜、褒拜、肃拜等九种礼节,俗称"九拜"。

## 最恭敬的礼节

稽首是拜礼中最恭敬的礼节,也是古代地位低的人面对地位高的人需要做的礼仪。比如臣子拜见君父时、人们祭祀神灵祖先时或者日常生活中晚辈拜见长辈时都要行稽首礼。人们需要双膝跪地,拱手下至膝前地上,再慢慢伸头到手前地上,俯伏向下直到头碰到地面。

## 顿首礼

顿首的礼节排在第二位,通常用于平辈之间的拜礼。它的动作是双膝跪地,拱手到地,头碰地即起。因为头触地的时间比较短，所以称为顿首。

## 空首礼

空首礼是古代上级对下级表达谢意的礼节，也是拜礼中较轻的一种。它的动作是跪下拱手，再低头到手的位置，高低与心平衡。因为头不着地，所以叫"空首"。由于头低到手上，所以也称为"拜手"。

## 丧葬之礼

振动是在丧事中用的礼仪，服丧的人们长跪在地，上身抖动，哭天喊地地磕头行礼，这就是振动。吉拜和凶拜是古代守孝三年的礼仪，在人们与守孝期人见面时，需要行先顿首、再空首的"凶拜"礼。过了守孝期三年之后，人们再见面时要行先空首、再顿首的"吉拜"礼。

## 简约之礼

奇拜、褒拜、肃拜这三种礼仪方式属于相对简约的礼仪。奇拜表示跪下拜一次；褒拜表示拜两次以上；肃拜多为女子所行之礼，要用双膝跪地，手至地而头不下。

# 作揖礼

作揖礼源于周代以前,至今已有 3000 多年的历史。作揖礼是我国古代社会交际中常见的一种传统礼节行为,表达了人际交往中一种比较谦逊的态度,有着深厚的历史渊源与文化内涵。

中国式礼仪

**礼仪小故事**

## 拱手行礼

《汉书·高帝纪》中记载了这样一个故事。秦朝末年时,有一个名叫郦食其的人,本事很大,性格却桀骜不驯。刘邦率兵攻打到高阳时,听说郦食其名气很大,就派人叫他来见自己。郦食其见了刘邦,并没有行叩首礼,而是拱手行作揖礼。其他人看不过去,提醒郦食其向刘邦叩拜。刘邦却挥手原谅了郦食其,并重用了他。后来,郦食其不负厚望,为刘邦立下了汗马功劳。

> 天揖

在祭礼、冠礼等正式礼仪场合中,古人要对尊长及同族中人行天揖礼。行礼时,身体肃立,双手合抱,左手在上,手心向内;俯身推手时,双手缓缓高举齐额,俯身约60度;起身时,恢复站立的模样。

> 时揖

同辈日常见面的时候,辞别时要行时揖礼。行礼时,身体肃立,双手抱拳,左手在上,手心向下,从胸前向外平推,俯身约30度;起身时,同时自然垂手或袖手。

**中国式礼仪**

### 土揖

人们给长辈或上司还礼的时候，要行土揖礼。行礼时，身体肃立，双手合抱，左手在上，手心向内；俯身约30度，推手稍向下；然后缓缓起身，恢复站立的模样。

### 长揖

长揖是拱手高举，自上而下向人行礼。人们行礼的时间越长，表明对对方的态度越尊重和谦卑。

### 特揖

特揖的"特"是独一的意思，也就是说要人们对在场的每个人单独行揖礼。

### 旅揖

按等级分别作揖叫做旅揖。对众人一次揖三下叫做旁三揖。一般行三次礼较为普遍，但行礼次数越多越显得谦卑。

# 鞠躬礼

鞠躬礼是中国最古老的一种礼节形式，也是一种对他人表示尊敬的郑重礼节。早在春秋战国时期，人们在参加各种庆典时就要举行鞠躬礼。到了唐朝以后，鞠躬礼已经成为当时流行的礼仪之一。

中国式礼仪

礼仪小故事

## 孔子拜师

孔子是一个很有学问的人,名气很大。但是,他觉得自己的知识还不够渊博,于是前往洛阳拜老子为师。在洛阳城外,孔子看见一辆马车,车旁站着一位七十多岁的老人,身穿长袍,一头白发,看上去就是个有学问的人。

孔子连忙走上前,恭恭敬敬地鞠躬行礼,问道:"您就是老子先生吧?学生孔子前来拜见老师。"老子说:"我听说你要来见我,你的学问已经很大了,为什么还要拜我为师呢?"孔子又向老子行了个礼说:"学无止境,学生愿意跟着老师学习更多的学问。"从此以后,老子就把自己的学问毫无保留地传授给了孔子。

## 古代祭天仪式

《论语》中说:"入公门,鞠躬如也。"鞠躬礼最初源自我国古代的祭天仪式,古人们认为将牛、羊等祭品在祭坛上摆放成弓形,才能表达人们对上天的恭敬。后来,这种习俗演变成了上身向前弯曲的日常礼节,也就是鞠躬。

## 适用场合

鞠躬礼是一种宜古宜今的礼仪,在现代社会依然非常流行。鞠躬礼既适用于庄严肃穆或喜庆欢乐的仪式,又适用于普通的社交和商务活动场合。

## 行礼不能快

我们行鞠躬礼的时候,动作千万不能快,应当稳重行礼。一般来说,我们行鞠躬礼之后,对方应该向我们还同样的鞠躬礼。但是,长者或者上级可以用点头或者握手的形式代替鞠躬还礼。

## 三鞠躬

常见的鞠躬礼是"三鞠躬"。敬礼之前,人们应当脱下帽

中国式礼仪

子或摘下围巾,身体肃立,目光平视,身体上部向前下弯约90度。然后,人们直起身体,连续鞠躬三次。

### 深鞠躬

还有一种鞠躬礼是深鞠躬,身体要向前下弯大约15度—90度的幅度,以表达对对方的尊重之情。在朋友之间、主人与宾客之间、上下级之间、晚辈与长辈之间、学生与老师之间都可以行这种鞠躬礼。

# 书信礼

我国的书信史源远流长,古人非常重视书信交往,认为文字能比语言保留更长的时间,而且书信形式极其讲究礼数,连如何称谓、如何祝颂,甚至字体和书写格式等都有约定俗成的规矩。

## 礼仪小故事

### "膝下"的来历

《孝经》中有一句话:"故亲生之膝下,以养父母日严。"意思是一个人对父母的敬爱之心,是在父母膝下玩耍之时就生出来的,因为父母养育他渐渐长大,他便对父母一日一日的尊敬起来了。于是,人们就把"膝下"一词转化为对父母的尊称。古代人在给父母写信的时候,也常常会使用"膝下"这一"提称语"。

## 六个部分

古时候，人们想要写一封完整的书信，至少要包含称谓语、提称语、思慕语、正文、祝愿语和署名六个部分。

## 称谓

书信的开头是称谓。为了表达我们对收信人的敬意，通常要在称谓后面加上相应的"提称语"，提示写信人与收信人之间的关系。

## 提称语

提称语一般用在对方称呼后面，表示尊敬。比如，给父母写信，要加上膝下、膝前、尊前、道鉴；给长辈写信，要加上几前、尊前、尊鉴、赐鉴、道鉴；给师长写信，要加上函文、坛席、讲座、尊鉴、道席、撰席；给平辈写信，要加上足下、阁下、台鉴、大鉴、惠鉴；给晚辈写信，要加上如晤、如面、如握、青览等等。

中国式礼仪

### 思慕语

思慕语通常是用简练的文句述说对对方的思念或者仰慕之情。比如，表达思念之情，可以写"别来良久，甚以为怀。近况如何，念念。"表达仰慕之情，可以写"久慕英才，拜谒如渴。"问候病情可以写"欣闻贵体康复，至为慰藉"等等。

### 祝愿语

我们与收信人的关系不同，所写的祝愿语也有所区别。比如，给父母写信，可以写上恭请福安，叩请金安；给长辈写信，可以写上恭请崇安，敬请福祉，敬颂颐安；给师长写信，可以写上敬请教安，敬请教祺，敬颂海安；给平辈写信，要写上顺祝等等。

### 署名

在信的末尾，我们的署名也要有所变化。比如，给长辈写信，可以写叩禀、敬叩、拜上；给平辈写信，可以写谨启、鞠启、手书；给晚辈写信，可以写字、示、白、谕等等。

# 家庭礼仪

中国古代传统家庭礼仪指的是在家庭内部的家庭礼仪规范，它以父母、子女之间的血缘及亲情关系为基础，维持着孝老敬长、敦亲睦族的家庭家族日常生活，维护了传统社会家庭家族生活的稳定与发展。家庭礼仪不仅可以约束家庭成员之间的行为、关系，而且可以增强每一个家庭成员的责任和义务。

即使在现代社会的家庭教育中，家庭礼仪依然在被广泛使用，像敬长礼仪、餐桌礼仪、贺寿礼仪等至今仍然是家庭教育的重要内容。我们要积极吸纳和借鉴传统家礼文化中的有益成分，赋予它新的时代内涵，利用它进一步彰显中华传统文化的魅力。

# 仪态礼

　　仪态指的是人们身体所呈现出的各种姿态，包括我们的面部表情、站立坐行、举手投足等。人们常说的"站有站相，坐有坐相"指的就是仪态。仪态就像是一种无声的语言，可以呈现出人们不同的个人修养、精神状态，是一个人行为举止的综合反应，千万不可忽略它。

## 中国式礼仪

### 礼仪小故事

## 站有站相

张九龄不仅是唐代著名的诗人，也是一位优秀的政治家。他容貌清秀，平时总是衣冠整洁、仪态得当，站就站得笔直，坐就坐得端正，整个人显得风度翩翩。每当朝廷有重要的朝会时，张九龄一出现，他的仪态和风度总是在众人当中鹤立鸡群、格外显眼，就连皇帝都对他的仪容仪态赞赏不已。

## 举止要不失体统

《礼记·表记》上说:"君子不失足于人,不失色于人,不矢口于人。是故君子貌足畏也,色足惮也,言足信也。"意思是君子的举止要不失体统,仪表要保持庄重,言语要谨慎。这样,君子的外貌才能使人敬畏,仪表才可以使人感到威严,言语才能够使人信服。

## 走路要稳重

《弟子规》上说:"步从容,立端正,揖深圆,拜恭敬。"意思是我们走路的时候,步伐应当从容稳重;站立的时候,身体要保持端正。上门拜访他人的时候,应当拱手鞠躬,表现要真诚恭敬。

## 不要依靠墙壁

《弟子规》上说:"勿践阈,勿跛倚,勿箕踞,勿摇髀。"意思是我们平时不能踩在门槛上,站立时身体不要歪斜,更不要将身体依靠在墙上。坐的时候,我们不可以伸出两腿,腿更不能乱抖。

## 不要随便坐在他人中间

《礼记·曲礼》上说："离坐离立，毋往参焉；离立者，不出中间。"意思是我们在公共场合看见两个熟人并排坐着，或者并排站立着的时候，如果没有经过对方的同意或者邀请，我们不能擅自坐或站在他们中间。

## 手脚不要乱动

《礼记·玉藻》上说："足容重，手容恭，目容端，口容止，声容静。"意思是说：我们走路时脚步要稳重，不要轻举妄动；无事可做的时候，手要端庄握住，不要乱动；平时要目不斜视，观察事物时要专注；在说话、饮食以外的时间，嘴不要乱动；不要发出打饱嗝或吐唾液的声音。

## 昂首挺胸不出怪声

《礼记·玉藻》上说："头容直，气容肃，立容德，色容庄。"意思是：我们平时应当昂首挺胸，不要东倚西靠；呼吸均匀，不出粗声怪音；身体不倚不靠，表现出道德风范；气色庄重，面无倦意。

# 衣着礼

　　服饰在中国古代格外受到统治者的重视，特别在我国古代的礼乐制度下，服饰已经成为了"礼"的载体，甚至超越了御寒保暖的实用价值，成为了尊卑等级的重要标志，在质地、款式、颜色等各方面都有着严格的规定。

中国式礼仪

礼仪小故事

## "布衣"的由来

在我国古代,等级制度体现在人们日常生活的各个领域中。就拿穿衣来说,绸、缎、锦、绣、绢、绮等高档材质的衣服,只能给有权有钱的人的穿,普通的老百姓只能穿着麻布衣服。时间长了,人们就用"布衣"作为平民百姓的代名词。

## 帽子不能随便戴

冠是一般贵族男子所戴的帽子。古代男子 20 岁举行冠礼后，冠就成为了他们已经成人的标志。所以古代男子在公开场合都要戴冠，如果不戴冠就会被人们看作是失礼的行为。

## 男女都穿裙子

商周时期的衣服款式通常是上衣下裳，裳就是我们说的裙子，当时的男女都可以穿。到了春秋时期，上衣下裳被缝到一起，下面长长地垂到脚踝处，被称为"深衣"。下裳一般用 12 幅布制作，象征每年有 12 个月，表示古人对天时的崇敬。

## 皇族御用颜色

唐王朝建立以后，将象征着尊贵与财富的黄色定为皇族御用颜色，从此开始确立赤黄为皇帝特有的衣服颜色，其他人一律不得穿着黄色服饰。

## 品色服制度

隋唐以后，衣服颜色形成了一个严格的等级序列，也就是"品色服"制度。隋朝规定五品以上的官员可以穿紫袍，六品以下的官员分别穿红、绿两色，小吏穿青色，士兵穿黄色，平民穿白色，而屠夫与商人只许穿黑色。

## 有象征性的纹饰

古代帝王及高级官员的礼服上绣有12种纹饰，分别是：日、月、星辰、群山、龙、华虫、火、宗彝、藻、粉米、黼、黻，通称十二章纹。日、月、星辰象征光芒照耀；山象征安静镇重；龙象征随机应变；华虫象征有文章之德；火象征光明；宗彝象征忠孝；藻象征洁净；粉米象征济养；黼象征决断；黻象征君臣相济，背恶向善。

## 官服不能不穿

古代官吏在履行公务和参加典礼时都要穿着官服，平时可以穿便服。当上下级正式见面时，如果一方穿官服，另一方也应当穿官服接待。当下官穿官服拜见上官时，如果上官没有穿官服接见，属于非常失礼的行为，下官甚至可以拒绝参见。

# 孝道礼

　　百善孝为先。孝是子女对父母的一种善行和美德，是家庭中晚辈在处理与长辈的关系时，应该具有的道德品质和必须遵守的行为规范。中国的传统孝道文化包含了敬亲、奉养、侍疾、立身、谏诤和善终六个方面的内容。

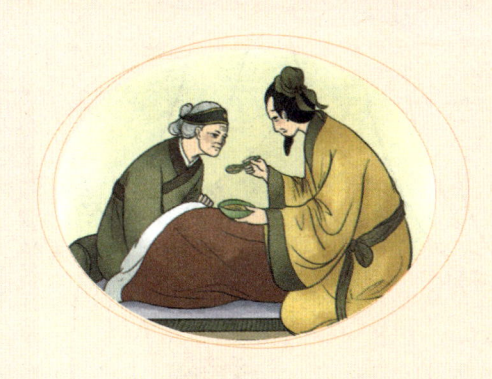

中国式礼仪

礼仪小故事

## 黄香温席

古代有个叫黄香的人,9岁时母亲去世了,从此他独自细心地照顾父亲。到了夏天,为了使父亲能尽快入睡,他每晚都先把凉席扇凉,再请父亲去睡。到了冬天,他害怕父亲晚上睡觉着凉,又会先钻到冰冷的被窝里,用身体温热被子后,再扶父亲上床睡下。黄香长大以后当上了以孝闻名的好官,人称"天下无双,江夏黄香",被列为"二十四孝"之一。

## 敬爱父母

中国传统孝道提倡子女对父母要"敬"和"爱"。子女不仅仅从物质上供养父母,而且还要对父母有发自内心的真挚的爱。如果没有这种爱,就谈不上孝敬父母。

## 奉养父母

父母是生育子女、养育子女的人,子女首先要懂得在物质上供养父母,保证父母年老以后的物质生活,这也是子女孝敬父母的最低标准。

## 照顾父母

父母年老以后,身体时常会出现各种毛病。子女要及时将父母送到医院,为父母治病,精心照料父母,同时还要给予父母生活上和精神上的关怀。

## 发肤受之父母

《孝经》中说："身体发肤，受之父母，不敢毁伤。"意思是子女的身体毛发、肌肤等都是父母给予的，应当好好地珍惜，绝不能有丝毫的损伤，这也算是孝敬父母的表现。

## 成就事业

《孝经》上说："立身行道，扬名于后世，以显父母，孝之终也。"意思是：子女要努力成就一番事业，在事业上有了成就之后，父母会为子女感到高兴和自豪。如果子女只愿意过无所事事的生活，其实是对父母的不孝。

## 规劝父母

《孝经》上说："父有争子，则身不陷于不义。故当不义，则子不可以不争于父。"意思是当父母违背道义的时候，子女不仅不能顺从，而且应直言规劝父母，使他们改正自己的行为，这样可以防止父母陷于不义。

## 举行丧礼

当父母去世以后，子女在举行丧礼时要尽各种礼仪，给父母举办一个完美的谢幕仪式，通过这种形式表达自己对父母的怀念。

# 请安礼

请安是古时候人们的一种问候礼节，是晚辈对父母尊长的问候。这种礼仪形式体现了古代人对长辈、家族和传统文化的尊重和重视，也是中国传统文化礼仪的重要组成部分。

## 礼仪小故事

### 三次请安

　　文王当太子的时候，每天要到他父亲王季那里去请三次安。第一次是天刚亮的时候，文王就会来到父王的寝门外，问侍卫一切是否平安；第二次是在中午请安，第三次是在傍晚请安。如果文王听说父亲身体有些不舒服，就会满脸忧愁，等到父亲身体恢复健康以后，他脸上才会露出喜色。父亲的一日三餐，文王一定要了解父亲吃了多少，并叮嘱侍女不要将吃剩的饭菜端给父亲。等到侍女做了保证以后，文王才会放心地离开。

## 衣着要整齐

古代女子向长辈请安时,不可随随便便地出现在长辈面前,而应当衣着整齐、头发梳理整洁,展现出端庄大方、整洁美丽的形象。

## 行礼请安

女子走到长辈面前,通常会双手合十或双手扶膝,然后微微弯腰,向长辈行礼,用这种方式表达自己对长辈的敬意与尊重。

## 行跪拜礼

如果女子行拜礼,要单膝跪下,右手握拳,低头表示敬意;如果女子行跪拜礼,要双膝跪下,双手合十,额头贴地,表示更加恭敬的态度。

**中国式礼仪**

### 请安要端正

古代男子请安时，首先立正站好，端正好姿势，然后迈左腿向前，再垂下右手，半跪右腿，稍作停顿，同时用左手扶膝；头既不许低，也不许歪，双眼要保持平视。

### 向父母请安

古代子女一般在早晨起床以后，先来到父母房间，向父母请安，表示对父母的尊重和孝敬。子女要先鞠躬，然后再向父母跪拜。跪拜时，子女跪在地上，将手平放在地上，然后再将头贴近地面，最后起身。需要重复三次，跪拜仪式才能结束。

### 关心和祝福

在向父母请安的时候，子女还要注意自己的仪态和言行举止，不能吊儿郎当、邋里邋遢。同时，子女还需要对父母说一番恭敬的话语。用语言表达子女对父母的关心和祝福。

### 嘘寒问暖

晚辈向长辈请安以后，会热情地询问长辈及家人的近况和健康状况，以此表达自己对长辈的关心和祝福。

# 敬老礼

　　敬老礼来源于周礼，人们为老人行此礼，表示老人一生劳苦功高，值得众人的尊重。古代盛行敬老风，称为"乡饮酒礼"，以此表达对老人的尊敬和祝福。

中国式礼仪

礼 仪 小 故 事

## 请老人给予教诲

周武帝曾在朝廷举办的敬老仪式上向老人于谨请教："我担当治理天下的重任，但自知德薄才卑，力不从心，希望您能给予教诲。"于谨回答道："木头要用墨线才能校直，君主从谏如流就可以成为明君。自古以来的圣明君主，都必须虚心纳谏，以了解施政的得失成败，使国家安定，人民幸福。"随后，周武帝对于谨拜了三拜，于谨对周武帝答拜，结束敬老仪式。

## 用燕礼养老

根据《礼记》记载,君王会在每年四季对学校视察时举行敬老宴会。宴会分别设在国立学校与地方学校,称为"上庠"和"下庠"。有德行、有爵位的老年现任和退休官吏会受邀参加上庠酒宴,称为国老;庶民中的年老者会受邀参加下庠酒宴,称为庶老。

## 用飨礼养老

飨礼是只举行象征性的敬老仪式,而不设宴会。举行飨礼的地方是"东序"和"西序",这些也是古代对学校的称呼。

## 用食礼养老

食礼是为老人举行宴会,虽然放了酒,但那仅仅是一种摆设,在场的人都不喝酒。由于宴会以饭为主,所以称为食礼。食礼同样在"右学"与"左学"的各级学校中举行。

家庭礼仪

中国式礼仪

### 赐予"王杖"

西汉时期会给一些老年人赐予"王杖",这是一种杖头上雕刻着鸠鸟的拐杖,凡是持有王杖的老人就拥有特权:人们见到拿着王杖的老人,要对他恭恭敬敬;在大街上行走的时候,如果老人走在中间的道路上,经过的车马不能碰他;如果有人敢欺负老人,将会受到严厉的惩治。

### 选德高望重者为主宾

唐代的乡饮酒礼分为州县两级。县的乡饮酒以县令为主人,本县民间六十岁以上老人都可以参加,并选择其中两位德高望重者作为主宾,其他人作为从宾。入席时,除主人与主宾外,其他人都按照年龄的高低决定座位和享用菜肴的数目。

### 按年龄高低排座

明清时的乡饮酒礼也邀请六十岁以上的老人参加,来宾无论贫富,都需要按照年龄高低序次排座。年龄大的老人,虽"至贫亦须上坐";年龄较小的老人,虽"至富仍须下坐"。

# 侍疾礼

"侍疾"是中华孝道文化礼仪的重要内容，也是中华民族的传统美德。自古以来，历朝历代都有子女精心侍奉生病父母的感人故事。时至今日，长辈生病的时候，晚辈也应当主动去侍候长辈的日常生活。

中国式礼仪

礼仪小故事

## 汉文帝为母尝汤药

汉文帝刘恒是刘邦的第四个儿子,他登基以后,母亲薄姬因为身患恶疾卧床不起,一病就是三年。汉文帝每天亲自为母亲煎药,在给母亲喂药之前,还要亲自尝尝汤药的温度,担心温度太高烫着母亲、温度太低凉着母亲。他坚持在母亲床前服侍,一照顾就是三年。后来,汉文帝因"百善孝为先"而名垂千史,就连死后的谥号也被称为"孝文帝"。

## 挂念父母病情

《礼记·曲礼上》中说：做子女的在父母生病期间应当少喝酒吃肉，不可弹琴唱歌，不可放声大笑，不可恶声恶气地怒。子女的一举一动都得有忧心忡忡的样子，要时刻挂念父母的病情。

## 亲自为父母尝药

《立极开辟垂训》中说："父母有疾，则衣不解带，药必亲尝，孝也。"意思是说：父母生病的时候，做子女就要不脱衣服睡觉。凡是给父母吃的汤药，必须亲自品尝以后再喂给父母，这才是孝顺的表现。

家庭礼仪

## 不离开父母身边

《朱子家礼》中说:"子妇无故,不离侧,亲调尝药饵而供之。"意思是说:父母有疾病,儿子和媳妇没有特殊原因不应当离开他们身边,而且要亲自调制汤药,并品尝药的味道,然后给他们喂药。

## 以抓药为主要任务

《朱子家礼》中说:"父母有疾,子色不满容,不戏笑,不宴游,舍置余事,专以迎药检方,合药为务,疾已,复出。"意思是说:如果父母患病,儿子是不可以脸上布满笑容的。不要戏笑玩耍,不去参加宴会或是远游,应当舍弃其他的一切事情,专心请医生来写药方,以抓药为主要任务,直到父母痊愈为止。

## 要照顾自己身体

父母生病的时候,有些子女因为侍奉生病的父母,忧愁得吃不下饭。其实,子女应当努力多吃一些,努力维持自己的身体健康。如果因为自己也生了病而不能侍奉父母,这更是大不孝了。

# 尊老礼

中华民族自古以来就有尊老敬老的传统，并在漫长的社会演变过程中，逐渐形成了长幼有序、尊老敬老的美德文化，现在已经成为中华民族传统美德中重要的组成部分。

中国式礼仪

礼仪小故事

## 戏彩娱亲

在春秋战国时期,楚国有一位隐士名叫老莱子。老莱子非常孝敬父母,每天都要换着花样做可口的饭菜给父母吃。到了老莱子70岁的时候,他经常穿着鲜艳的衣服,手里拿着拨浪鼓,像小孩子一样地玩耍逗父母开心。有一次,他给父母端水的时候不小心摔了一跤,他担心父母难过,于是就坐在地上,模仿小孩子大哭起来,结果使得父母哈哈大笑。

### 行跪拜之礼

古代有许多行礼的要求，但是，人们要向长辈行跪拜之礼，用行大礼的方式向老人表示内心的尊敬。

### 面朝南最尊贵

古人住的房子通常是堂室结构的，堂在前面，室在后面，中间用墙相隔。一般东边有门，人们出来就登堂，进门就入室。老人坐在堂中的时候，要背部向北面朝南，这样才表示尊贵。

中国式礼仪

### 不要朝着老人扫地

古人在室内打扫卫生的时候,扫帚要朝着自己的方向挥动,在任何时候都不能朝着室内的老人扫地,以表示对老人的尊敬。

### 在生活中关照老人

西汉时,汉文帝规定了《授粥法》:对80岁以上的老人发给当年新收获的大米,每人每月1石、鲜肉20斤、醇酒5斗。90岁以上的老人,另外加发丝绸1匹、丝絮3斤。所发米物由县令检查,由县尉、县丞亲自登门发放,违令者将会严惩。

### 给老人免除刑罚

古代尊老还表现在享受免除赋税、徭役等待遇上。《礼记》上说50岁的老人开始不服徭役;80岁的老人开始允许家里有一个儿子不服徭役;90岁以上的老人则免除全家的赋役。

### 设立居养机构

汉代时开始设立居养机构,专门收养孤老贫病、生活不能自理的人。隋唐五代也继续设立这类机构,收养老弱病残的人,并派官吏专门责相关事宜,并在社会上大力提倡尊老、养老的风气。

# 居家礼

"家齐而后治国，国治而后天下平。"家虽小，却是国与天下的基本构成元素。源远流长的中华居家礼维持着和睦的家庭家族生活，维护了传统家庭家族生活的稳定与发展，值得一代代传承下去。

中国式礼仪

礼仪小故事

## 子路思亲

子路是春秋时期鲁国人，也是孔子的得意弟子。子路十分孝顺父母，他小时候家里贫穷，自己经常采摘野菜当饭吃，却从百里之外背着大米回家给父母吃。父母去世以后，子路做了大官，每天都坐在豪华的锦褥上，吃着丰盛的宴席。他经常怀念父母，感慨说："即使我还想吃野菜，还愿意为父母亲去背米，但再也没有机会了。"孔子听了赞扬说："你对父母的孝顺可以说是生前尽心尽力，死后思念啊。"

## 早晚都要反省

《常礼举要》中说："为人子不晏起，衣被自己整理，晨昏必定省。"意思是作为子女，每天早上应当为老人准备好起床要穿的衣服，好让老人安心；每天早晚子女还应该反省自己一天的言行举止，看看哪里还做得不够好。

## 不能坐在席子当中

《常礼举要》中说："为人子者，居不主奥，坐不中席，行不中道，立不中门。"意思是做儿子的，起居不能占据室中西南角的位置，坐不能坐在席的正中，走路不能走在路的中间，站立不能站在门的中央。

## 出门回家要向告知父母

《常礼举要》中说："为人子，出必告，反必面。"意思是作为子女，当我们有事需要出门，或者从外面回到家以后，都应当及时向父母禀报,让父母了解自己的行踪,不让他们为自己担心。

## 要用双手接东西

《常礼举要》中说:"长者与物,须两手奉接。"意思是当长者给我们东西的时候,不能一只手就接过来,必须要用两只手恭敬地接过来才合乎礼仪。

## 要缓缓地行走

《常礼举要》中说:"徐行后长,不疾行先长。"意思是走路的时候应该缓缓地跟在长辈后面行走,这是尊重谦卑的表现;而不应该在长辈前面走、奔跑或打闹,更不可横冲直撞地从长辈身边经过,这些都是不礼貌且非常危险的行为。

## 要站起来和长辈打招呼

《常礼举要》中说:"长者立不可坐,长者来必起立。"意思是长辈在我们的身边时,我们不可贸然坐下,要注意长辈的动静。当我们坐着时,如果长辈从远处走过来,我们一定要起立致敬。

# 诞生礼

　　婴儿的诞生，是人生的一大喜事。诞生礼既是中国传统的诞生礼俗之一，也是每个人生命成长当中的第一个重要礼仪。在那些隆重而丰富的仪式中，蕴含了亲人对新生儿给予的美好祝福。

## 礼仪小故事

### "弄獐宰相"

《旧唐书》中有一个关于"弄獐"的小笑话：李林甫是唐朝的宰相，担任宰相十九年。他有个表兄弟叫姜度，姜度刚刚生了一个男孩，大摆宴席庆祝新生儿的诞生。李林甫知道以后，亲笔写了一份贺信表示祝贺，上面写有"闻有弄獐之庆"的贺词。古时候将生男孩称为"弄璋"，意思是男孩长大以后执璋（玉器）为王侯。李林甫把"弄璋"错写为"弄獐"，满堂宾客无不掩口失笑，后人因此称他为"弄獐宰相"。

家庭礼仪

## 挂弓与挂佩巾

古时候，当孩子出生以后，家家户户都要在自家门外悬挂新生儿诞生的标志。《礼记》中记载："子生，男子设弧於门左，女子设帨於门右"。意思是如果人们家中生了男孩，就要在门左挂一张弓；如果生了女孩，就在门右挂佩巾。

## 弄璋与弄瓦

古时候，新生儿诞生以后，主人会马上到亲戚、朋友、邻居家里去报喜。但报喜的礼仪根据新生儿的性别有所不同，通常把生男孩子称为"弄璋之喜"，表示尊贵；把生女孩子称为"弄瓦之喜"，表示卑顺。

## 洗净污秽

古时候，新生儿出生的第三天，家里人要举行隆重的庆贺

99

仪式，俗称"洗三朝"。通过给新生儿洗去身上的污秽，保证孩子的身体健康。同时也含有祝福新生儿洁白做人、增加胆量的美好寓意。

### 满月礼

满月礼也叫做弥月礼，是庆祝新生儿诞生的盛大礼仪。到孩子满月的时候，家里的亲朋好友都要聚集在一起，共同祝贺孩子满月。女性长辈还要给孩子送礼，通常会送上各种适时的小儿衣物。

### 百天礼

在新生儿百天的时候，家里人也要举行大型庆祝活动，祝福孩子健康长寿。古代的主要习俗是吃百家饭、穿百家衣、挂百家锁、宴饮宾客等，目的是将小孩带入亲友之中，依靠众人养护。

### 抓周

等到孩子一周岁的时候，还要为孩子举行周岁礼。周岁礼的主要习俗是"抓周"，家人将一些生活用品、玩具、刀尺针缕、笔墨纸砚等放在孩子面前，观察孩子先拿取哪一种物件，以此来预测孩子的未来。

# 成年礼

从夏、商两朝开始，我国古代就诞生了传统成年礼的礼仪。古人为青年男女举行成年礼，是要通过隆重的礼仪仪式，告知他们将从家庭中毫无责任的"孺子"转变为正式跨入社会的成年人，从此要承担起成年人的责任。

中国式礼仪

礼仪小故事

## 总角之交

我们现代人所说的"发小",在古代被称为"总角之交",指的就是从小便结交相识,并一直陪伴长大的朋友。《三国志》里孙策曾说:"周公瑾英俊异才,与孤有总角之好。"孙策与周瑜同岁,两人很小的时候就在一起玩。后来,孙策的父亲孙坚与袁术联合讨伐董卓,周瑜劝说孙策从富春搬到舒县,借住在自己家中。后来,周瑜认孙策的母亲吴夫人为自己的母亲,两人正式结拜为兄弟,"总角之交"的佳话就这样传开了。

## 选择吉日

在举行冠礼之前,古人会在祖庙祠堂举行占卜,选择一个举办加冠礼的良辰吉日。如果第一次占卜的日期不够理想,需要隔一段时间之后,重新进行占卜。

## 选择贵宾

冠礼通常由受冠者的父或兄主持,但进行加冠礼的人必须是一位德高望重的老者或者是有福气的贵宾。等主人选定嘉宾以后,要亲自上门邀请,希望对方不会拒绝自己的请求,为孩子在吉日加冠。

## 笄礼

笄礼是古代女子的成年礼仪。女子长到十五岁时,要将头发盘起来,用笄也就是簪子簪上头发,表示已经长大成人,从此就可以出嫁了。女子如果没有婚期,最晚在未出嫁前的二十岁就要参加笄礼。

## 加冠时的祝辞

古代的成年礼中,为孩子的成年一共要加三次冠。三次加

中国式礼仪

冠的仪式，都由一位德高望重的贵宾亲自主持。每一次加冠之前，都有一番祝辞。《仪礼·士冠礼》中记载的祝辞一共有三段："始加祝曰：令月吉日，始加元服，弃尔幼志，顺尔成德，寿考惟祺，介尔景福。再加曰：吉日令辰，乃申尔服，敬尔威仪，淑慎尔德，眉寿万年，永受胡福。三加曰：以岁之正，以月之令，咸加尔服，兄弟具在，以成厥德，黄耇无疆，受天之庆。"

## 冠礼

在我国周代，男子长到二十岁时，家族就要在宗庙举行冠礼。加冠时，贵宾将规定的帽子和服饰给青年换上。第一次加黑麻布帽，称为"始加"；第二次戴白鹿皮帽，称为"再加"；第三次是赤黑色平顶帽，称为"三加"。冠礼结束以后，这个青年便有了服役和参加祭祀的权利，也可以结婚成家。

# 婚礼

从古到今，婚姻都是人生中的一件大事。特别在古代，婚嫁的礼仪习俗十分重要，程序也十分复杂。这些繁琐而隆重的礼仪过程，其实代表着男方对婚姻的承诺与责任，象征着夫妻二人荣辱与共的心愿。

中国式礼仪

**礼仪小故事**

## 千里姻缘一线牵

古时候,有一个叫韦固的读书人晚上出门,看见一位老人背着一个大口袋坐在路边,在月光下翻阅一本大书。韦固好奇地问老人在看什么书,老人说那是天下人的婚姻簿。韦固又问老人大口袋里装着什么东西,老人说:"里面装着红绳,只要把一男一女的脚系在同一根红绳上,哪怕他们相隔千山万水,也会结成夫妇。"这就是"千里姻缘一线牵"的来历。

## 纳采

《礼记·昏义》中提到中国古代的婚礼礼仪一共有六项，称为"六礼"。第一项是纳采，指的是有结婚意向的男方家庭派人向女方家求亲，并且携带一定的礼物。

## 问名

纳采结束以后，男方请媒人询问女子的生辰八字和姓名，由男方负责占卜凶吉以及两人是否出现相克的情况，叫作和八字。

## 中国式礼仪

### 纳吉

纳吉是男方合八字以后，将两人生辰八字占卜得到的吉兆传话给女方家里，并送上礼物，希望两家能够成亲。女方家此时也要以礼相待，男方同时要将聘书交给女方。

### 纳征

纳征是男方向女方赠送一定的聘礼。所有的聘礼都要取双数，不能出现单数，含有好事成双的寓意。聘礼的规格取决于女方家庭门第的高低。

### 请期

请期是男方择定成婚的良辰吉日，然后派媒人到女方家告知日期，并获得女方家的同意。

### 亲迎

亲迎也叫做迎亲，结婚当日新郎在傧相陪同下到女方家里迎接新娘，然后回家成亲。古时候，男女双方必须经过这六道程序才能结成夫妻。

# 寿诞礼

寿诞礼表达了人们对生命的重视和对生命诞生的纪念。古代人极为看重寿诞礼，早在殷商时期，人们就有了生日的概念，并出现了原始的祝寿活动。后来，给长辈祝寿渐渐成为一种重要的礼仪风俗，并一直延续到今天。

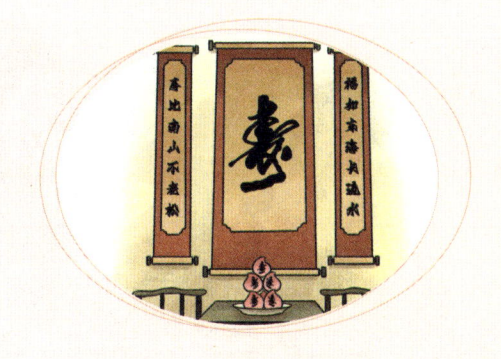

中国式礼仪

礼仪小故事

## 献桃祝寿

战国时期，有一位著名的军事家叫孙膑。他年轻的时候就离开家乡，去云梦山向鬼谷子学习兵法，一去就是十几年。这一年，孙膑想起五月初五是老母亲的八十岁大寿，便向师傅鬼谷子请假回家给母亲祝寿。临走之前，鬼谷子摘了一个桃子送给孙膑，作为给他母亲的寿礼。孙膑日夜兼程，终于在母亲生日的这一天赶到了家。他向母亲拜了寿，然后从怀里掏出那个桃子献给母亲。在场的人都觉得用桃子做寿礼太寒酸了，但孙膑的母亲非常喜欢这个礼物，她接过桃子就吃了起来。结果，孙膑母亲的白头发突然变黑了，脸上的皱纹消失了，走路也不用拄拐杖了，人们见了都惊讶不已。后来，人们就用寿桃给老人祝寿，希望老寿星能够健康长寿。

### 寄帖发函

当家人决定为家里的老人做寿时，会在确定好日期、地点之后，由子女、亲属等出面向各位亲朋好友发请帖，邀请大家共同来为老人祝寿。

### 准备寿礼

收到邀请的人要及时为寿星准备贺寿礼。常见的祝寿礼物有寿糕、寿烛、寿面、寿桃、寿联、寿幛、五瑞图、"寿"字吉祥物等，礼物包装上面还会贴上用红纸剪成的"寿"字，含有长寿幸福的寓意。

### 布置寿堂

普通人做寿通常举办家宴，大家吃一顿长寿面。而大户人家会专门设立寿堂，在寿堂内的南墙上挂上写有"寿"字的红绸或者百寿图，两旁还要挂上一副寿联。墙壁下面摆上方桌，放上寿桃、寿面和各类鲜花、水果。寿堂地面上要铺上红地毯，两边摆放供客人休息的椅子。

中国式礼仪

### 为寿星祝寿

到了祝寿那一天，寿星会在上屋席位坐下。然后大家共同举杯，向寿星敬酒，祝愿寿星长命百岁。宴席上除了精心准备的山珍海味以外，还会有长寿面，表达对寿星长寿的祝福。

### 讲祝寿辞

来宾中会推选出一位德高望重的代表，在寿宴上向寿星献祝寿辞。祝寿辞的内容一般是对寿者的经历、业绩、品德进行叙述和赞颂，表达众人对寿星良好的祝福。

### 分食蛋糕

饭后人们会端上大蛋糕，由寿星在蛋糕上划第一刀，然后将蛋糕分开，将第一块蛋糕献给寿星，其余的众人分食。

### 祝寿剧

明清时期，随着戏曲的繁荣发展，经常在寿宴中出现祝寿剧。家人将戏班请到家里为寿星唱戏助兴，往往会庆贺多日。

# 丧礼

丧礼是人们为逝去的人举行丧事，以祭祀、缅怀等感情为基础，通过相关事宜的仪式，让死者有归宿、生者有悼念。从古到今，不同朝代的丧礼有着不同的丧葬形式。

## 中国式礼仪

### 礼仪小故事

## 刻木事亲

东汉时期,有个叫做丁兰的人,他的父母去世以后,他因为思念父母,用木头雕刻了双亲的人像供奉在家里。每次吃饭的时候,丁兰都先给木像供奉饭菜,然后自己才吃,就好像父母还在人世一样。有一次,邻居用木杖打坏了木像,丁兰非常愤怒,竟然和邻居打了一架。后来,邻居报了官,衙役来抓丁兰的时候,木像竟然流下了眼泪。

## 选择风水宝地

古时候，当家里有老人去世以后，亲人会请地理先生选择安葬的吉日、吉时，以及安葬老人的风水宝地。

## 入殓

身穿孝服的孝子孝孙要在吹鼓乐师的引导下，去平时吃水的井里用水桶打一些水回来，并给井里扔几个铜钱，表示买水。然后，用买回的水给死者洗澡，更换寿衣，放入棺材。

家庭礼仪

## 出殡

亲朋好友按照辈分烧香磕头以后,孝子孝孙要穿上粗麻衣、草鞋,系草绳,持孝杖棍进行出殡。送葬的亲朋好友走到村外的路口时,孝子孝妇要跪下向送葬的亲朋磕头。然后,孝子孝孙扶灵柩到坟前,把草鞋、孝棍、花圈等丢在坟地上,开始筑坟。

## 超度亡灵

出殡的当天晚上,亲属要请道士念经一至七天,超度亡灵。有的孝子还会昼夜在灵堂或坟前守护一段时间,叫做"守孝"。第二天,孝女、孝妇等要身穿孝服去上坟。

## 办丧事

亲属要给参加吊祭、送葬的亲朋好友管饭,丧饭通常吃两顿正餐,饭菜要一荤一素。入殓时要吃素,出殡时要吃荤。办完丧事,亲朋好友就各回各家。

## 服丧

古代孝子在为父母服丧守孝的时候,要停止进食三天,住在临时搭建的茅庐里;27个月以后,可以脱下丧服,回卧室睡觉。

# 祭祀礼

中国的始祖祭祀由来已久，古人非常注重祭祀的礼仪，特别是对清明节祭祖扫墓制定了各种详尽的流程和要求，由此可以看出人们对祭祀礼仪的讲究和看重。

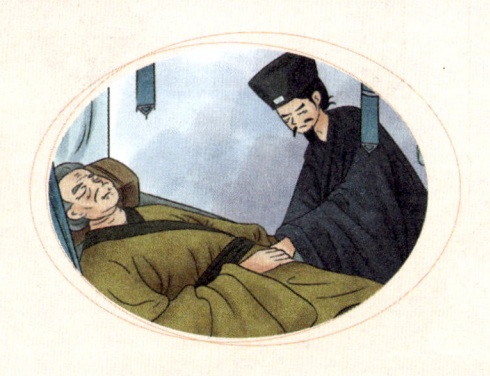

## 礼仪小故事

### 中元节的来历

相传古时候有一位名叫张仙的道士,他的母亲因病去世了。张仙格外思念母亲,有一天,他用法术召唤出母亲的魂魄,询问她在阴间的情况。母亲告诉他,阴间的鬼魂们在这一天都会离开阴间,来到人间游玩。但由于没有人供奉他们,他们一个个又饥饿又痛苦。于是,张仙把母亲说的话告诉了大家,提醒人们应该在这一天供奉祖先和亡灵,使他们脱离痛苦。后来,这一天就被人们称为中元节。

## 祭祀次数有讲究

根据《礼记》记载，先秦祭祀礼仪的次数非常有讲究，次数太多了不行，会显得轻慢不敬；次数太少了也不行，会显得对祖先十分懈怠。

## 四时之祭

古时候，春夏秋冬四季，每一个季节都至少要进行一次祭祀，因此被人们称为"四时之祭"。如果有人无缘无故参加四时之祭，或者不按照要求进行祭祀，那就会受到严厉的惩罚。

## 准备祭品

祭品是古代祭祀礼仪中不可或缺的东西，人们通常以五谷瓜果作为祭品。《礼记·中庸》中有对四时之祭的祭品要求，通常春季选择蔬菜，夏季选择麦子，秋季选择黍物，冬季选择稻谷。蔬菜要与蛋搭配，麦子要与鱼搭配，黍谷要与肉搭配，稻谷要与禽类搭配。

## 洒扫墓所

祭祀当天,人们在早上带着祭品前往墓所,环绕墓碑走三圈,然后动手清除墓所上面的野草和灰尘,保持干净整洁。

## 摆放祭桌有要求

祭桌神位的方向的北边,祭酒的方向是南边。古人通常从神位那边开始摆放祭品,第一列摆放主食,第二列摆放煎饼、烤制食品等,第三列摆放汤羹,第四列摆放蔬菜、小菜,第五列摆放水果、点心。

## 衣着言行要得体

每当举行祭祀礼的时候,参加祭祀的人衣着要端端正正,态度要恭恭敬敬,言行举行也要得体,不可显得态度轻浮、不够稳重。

## 辞别祖先

祭祀结束以后,人们依次在墓前站立,向祖先行三拜之礼,然后撤除摆放在墓前的酒具,保留其他物品,即可离开。

# 五服礼

　　"五服"制度是中国古代礼仪中，家族中的亲属为死去的亲人服丧的制度。它根据亲属与死者的血缘关系远近，按照由亲至疏的顺序，将亲属分为斩衰、齐衰、大功、小功和缌麻五个等级。

中国式礼仪

**礼仪小故事**

## 烧纸钱的来历

据说在汉武帝时期,有一位名叫吕不韦的大臣,他的母亲去世后,他极其思念母亲,每天都会到墓前祭拜。当时的风俗习惯是贵族可以为逝者烧香献花,老百姓却只能用纸钱代替。吕不韦觉得这样的区别太不体面,于是他就想出了烧纸钱的办法,以示对母亲的怀念和敬意。后来,这烧纸钱的做法逐渐流传开来,成为了一种普遍的祭祀方式。

## 斩衰

斩衰是丧服名,也是五服中最重的丧服。斩衰用最粗的生麻布制布制作而成,断处外露不缉边,丧服上衣叫"衰",因称"斩衰"。表示亲人应当毫不修饰,以尽哀痛,通常要服丧三年。

## 齐衰

齐衰也是丧服名。齐指的是下衣的边,是次于"斩衰"的丧服。齐衰用粗麻布制做,衣裳分制,断处缉边,缘边部分缝缉整齐,故名"齐衰",穿着时间根据与死者关系亲疏有所不同。

## 大功

大功也被称为"大红",也是丧服名,是次于"齐衰"的丧服。大功用粗熟麻布制作而成,一般需要服丧九个月。

## 小功

小功也是丧服名,也叫做"上红",是次于"大功"的丧服。小功用稍粗熟麻布制成,一般需要服丧五个月。

## 缌麻

缌麻是丧服名,是次于"小功"的丧服。缌麻用较细熟麻布制成,是"五服"中最轻的一种,一般需要服丧三个月。

## 男宗五服

男宗五服是从自己起始上溯下延各五代,即:高祖、曾祖、祖父、父亲、自己、儿子、孙子、曾孙、玄孙共九代,也称作"九族";从自己起始左男右女各五房:族兄弟、从兄弟、堂兄弟、兄弟、自己、姊妹、堂姊妹、从姊妹、族姊妹。

# 日常生活礼仪

中国素有"礼仪之邦"的美称，中国人以彬彬有礼、和睦谦逊的风貌著称于世，并在人们长期的共同生活与相互交往中产生了一些固定的道德行为规范，这就是日常生活礼仪。尽管中国古代传统礼仪随着时代的变化不断地发生着变更，但它始终深刻影响着传统社会乃至现代社会的文化观念。

俗话说："有礼走遍天下，无礼寸步难行。"我们在日常生活当中的言谈举止、坐立行走、衣着打扮等，其实都属于礼仪的外在体现，展现了我们内在的言行规范与修养品德。适当地学习一些日常生活礼仪，对我们未来的生活是有益无害的。

# 起居礼

夫子云："不学礼，无以立。"中国自古以来被誉为"礼仪之邦"，礼仪规范渗透在社会生活的各个方面。就连古代人的站立和行走姿势也都有相应的礼仪规范，也就是"坐有坐相，站有站相。"这些礼仪被世世代代传承下来，一直延续到了今天。

中国式礼仪

## 礼仪小故事

### 曾子避席

曾子是孔子的徒弟。有一次，他坐在孔子身边求教，孔子问他："从前的圣贤帝王具有至高无上的德行、精要奥妙的理论，用来指导天下之人，人们就能和睦相处，君王和臣下之间也没有抱怨。你知道是什么样的道德和理论吗？"曾子听了以后，知道孔子要指点他最深刻的道理，于是从坐席上站起来，走到席子边上，恭敬地向孔子作揖，说："弟子还不够聪慧，哪里能够知道这些深奥的道理，还请老师赐教。"后来，曾子避席这种有礼貌的行为得到了世人的赞誉，并被后人传诵。

## 会见客人要正襟危坐

《礼记·曲礼》上说："坐如尸。"意思是人们在公众场合里，或者会见客人的时候，必须要抬头挺胸、挺直腰杆，双目正视，保持正襟危坐的姿势，千万不能两腿叉开，随意坐下，这样是不合礼节的行为。

## 坐席不能坐中间

《礼记·曲礼》上说："坐不中席。"古代的席子是用蒲草编织而成的长方形垫子，铺在地上，供人们坐或卧。人们坐席的时候不能坐在席子中间，这是一种非常傲慢无礼的行为，应当分别坐在席子的四端。

## 放偏的席子不要坐

《论语》上说："席不正，不坐。"意思是放置席子的时候，应该将席子的四边与房间的四面墙平行，摆放得方方正正。坐席的时候，应当从席子后面或者旁边走到席子一角坐下，切记不能从席子上面踩过去。

**中国式礼仪**

### 一张席子只坐四人

《礼记·曲礼》中说:"群居五人则长者必异席。"意思是一张席子只能坐四人,如果多了一个人,不能尊卑挤在一起,要请其中的长者或尊者到另外一张席子去单独坐。

### 吃饭坐席要靠前

《礼记·曲礼》上说:"虚坐尽后。"意思是吃饭的时候,坐席要尽量靠前,这样才方便吃饭,不会失礼。除了吃饭以外,坐席的时候要尽量靠后,这样才能表示谦敬。

### 站立时身体要端正

《礼记·曲礼》上说:"立如斋。"意思是站立的时候要像祭祀前斋戒那样端庄持敬,挺直端正,不能一只脚踏在地上,另外一只脚虚点在地上,像瘸子一样倾斜着身体。

### 脱掉鞋子再进屋

《礼记·曲礼》上说:"脱履袜。"古时候人们都坐在席子上面,所以进入室内的时候,必须先在室外脱掉鞋子才进屋,这样才能保持室内的清洁。

# 洒扫礼

洒扫是古代童子教育的内容，主要学习洒水扫地等日常家务的劳动教育，以及待人接物的处世教育。孔子说："不学礼，无以立。"这里说的"礼"就是各种教育孩子行为端正的规矩。

中国式礼仪

礼仪小故事

## 一屋不扫，何以扫天下

东汉时期，一位叫陈蕃的男孩在家中读书。他父亲的朋友前来拜访，看到屋子里非常凌乱，问陈蕃："你为什么不打扫下房间迎接客人呢？"陈蕃说："大丈夫处理事情，应当以扫除天下的坏事为己任，怎么能在意一间房子呢？"他父亲的朋友听了很诧异，反问道："一屋不扫，何以扫天下？"陈蕃听了，无言以对。

日常生活礼仪

> 天亮就要打扫卫生

《童蒙须知》告诉我们，天亮我们就应该起床了，起来以后马上要动手打扫卫生。

> 先洒水后扫地

《童蒙须知》上说：古时候，人们打扫卫生都是先用水洒在地面上，然后再用扫帚打扫，这样可以避免出现尘土飞扬的现象。后来，打扫卫生的人偷懒，不洒水就扫地，"洒扫"就合为了一体。

> 扫地不要太用力

《童蒙须知》上说：洒完水扫地的时候，不能太使劲儿，毕竟地面上干的地方还是会比有水的地方多，太用力会扬起浮尘。扫帚尾部要着地，不能悬空，否则就会变得像舞扇子一样了。

## 分段清扫卫生

《童蒙须知》告诉我们，打扫卫生的时候要顺风打扫，这样既省力，又干净。而且要先打扫屋子，再打扫台阶；等扫完台阶后，稍等片刻再打开门，尘土才不会飘进室内。

## 用不着天天洒水

《童蒙须知》上说：虽然先洒水后扫地不容易扬尘，但是也不能天天这样做，否则会将土与水搅和起来，沉积在地上扫不掉。洒上几天水之后，一定要留一天不洒水，然后轻轻扫地即可。

## 别忘记擦拭几案

《童蒙须知》告诉我们，打扫房间的时候，要记得扫完地以后，擦拭书桌，并将笔墨纸砚摆放整齐。用完的笔墨应当及时放回原位。父母长辈用的东西，如果散乱了，应该帮忙整理整齐，但是不能擅自动用。

# 仪态礼

我们对一个人的印象如何，最初都是通过他的容貌和服饰等判断的。我们在公共场合或者与他人交往时，应该要做到步履稳重、目光端正、昂首挺胸、衣帽整洁，如果不注重仪态，会很难让人产生良好的第一印象。

中国式礼仪

**礼仪小故事**

## 孟子休妻

有一次，孟子的妻子独自一人待在卧室里，就伸开两腿叉坐着。孟子推门进屋，看见妻子的样子非常生气。他找到母亲，说："我要休妻。"孟母问道："为什么呢？"孟子说："我看见她叉开两腿坐着。"孟母又问："那你是怎么知道的？"孟子说："我刚才进屋看见的。"孟母说："那就是你的不对了。《礼记》上说要进屋的时候，要先问问屋里有没有人，好让屋里的人有所准备。可是，你到卧室里去也不先问问有人没有，所以才看见了她叉开腿的样子。你说是你不讲礼仪，还是你妻子不讲礼仪呢？"孟子听了无言以对，以后再也没有提过休妻的事情。

## 体会稳健中正

《礼记》上说:"足容重、立容德。"告诉我们,重与德,须细心体会,方能体会人立于天地之间,稳健中正的感受。

## 举止要体现恭敬

《礼记·曲礼》上说"凡奉者当心,提者当带",意思是奉东西时要在胸口正中左右的位置,提东西时要在侧身腰带左右的位置,所要体现的都是一个恭字。

## 举手投足都要注意

《礼记·表记》上说:君子要注意自己的形象,一举手一投足都要有分寸,举止要得体,仪表要庄重,言语要慎重。

**中国式礼仪**

### 走路要稳重

《弟子规》中说：走路步伐从容稳重，站立要端正；上门拜访他人时，拱手鞠躬，真诚恭敬。不要踩在门槛上，站立不要歪斜，不要依靠在墙上；坐的时候不可以伸出两腿，腿不可乱抖动。

### 手眼都要专注

《礼记·玉藻》中说："手容恭，目容端。"手容恭的意思不是指慢腾腾地干活，而是指无事可做时，手要端庄握住，不要乱动。目容端是指目不斜视，观察事物时要专注。

### 不要乱发声音

《礼记·玉藻》中说："口容止，声容静。""口容止"是要求在说话、饮食以外的时间，嘴不要乱动。"声容静"是指振作精神，不要发出打饱嗝或吐唾液的声音。

### 不要横起肩肘

《礼记·曲礼》中说："并坐不横肱。"意思是坐下的时候，不要把肩膀和肘部都横起来，以免影响到旁边的人。

# 问安礼

早晚向父母问安是我国古代的传统礼仪,它体现了儿女对父母的尊重以及对父母养育之恩的感激之情。早上向父母说早安,晚上睡觉前道一声晚安,这些优良习俗早在几千年前就开始广泛使用了。

中国式礼仪

礼仪小故事

## 涌泉跃鲤

汉时期有个叫姜诗的人,娶庞氏为妻。他们家距离长江有六七里远,庞氏经常去江边提长江水给婆婆喝,或者捉鱼做给婆婆吃。有一次刮大风,庞氏回家晚了,姜诗怀疑她故意怠慢母亲,便将庞氏赶出了家门。好心的邻居收留了庞氏,庞氏每天日夜不停地织布,并将赚的钱托邻居交给婆婆。后来,婆婆命令姜诗把庞氏请回家来。庞氏回家这天,院中忽然喷涌出一股泉水,味道与长江水相同,每天还跃出两条鲤鱼。从此,庞氏再也不用远走江边了。

## 早晚向父母问好

《弟子规》里面说:"凡为人子之礼,冬温而夏清,昏定而晨省。"意思是子女应该在早上起床的时候去探望父母,向自己的父母问好;下午回到家之后,也要向自己的父母问好,将今天一天的情形告诉他们,使老人家放心。

## 照顾父母的饮食起居

《荆钗记·会讲》里面说:"问安视膳。"意思是子女应该每天向父母问安,每顿饭都侍奉父母的膳食,将父母的饮食起居照顾得非常周到。

**中国式礼仪**

### 给父母温被送凉

《荆钗记·会讲》里面说:"亲年迈,且自温衾扇枕,随分度朝昏。"意思是天冷了,子女应该给父母温好被子;天热了,子女应该给父母在枕边摇扇送凉。

### 外出回家要告诉父母

《礼记·曲礼》上说:"夫为人子者,出必告,反必面。"意思是说作为子女,无论我们是外出还是回家,都应该先告诉父母一声,让他们放心。

### 父母呼唤立刻要到

《童子礼》告诉我们,当父母长辈召唤我们的时候,应该马上回答,不能迟缓,要快步走到他们面前听从吩咐。如果听见了却不理不睬,那就是不尊重他人的表现。

### 对父母和颜悦色

《礼记·祭义》中说:"孝子之有深爱者必有和气。"意思是如果子女对父母有深深的爱戴,心中就必然充满和顺之气,脸上和颜悦色。

# 挚见礼

挚见礼是周朝人们日常生活中很重要、很常见的一种礼仪。"挚"的意思是初次拜见长辈或者尊贵的人时所送的礼物，或者初次求见人时所带的礼物。在古时候的礼仪中，"挚"的种类有着严格的规定，不同身份的人只能使用符合自己身份的挚礼。

中国式礼仪

礼仪小故事

## 礼轻情意重

明中时期,首辅李东阳过生日,好友赵永、鲁铎二人相约为李阁老贺寿。可是,这两个人都是清官,家里根本拿不出什么像样的礼物。鲁铎在家里翻箱倒柜,最后找出半条干鱼,于是就把它当成了礼物。

两个人带着半条干鱼来向李阁老祝寿,李阁老哈哈大笑,三人煮了干鱼,用它下酒,痛饮一场。礼物是否贵重并不重要,朋友之间的心意才最珍贵。

### 用野鸡做礼物

士人的挚礼是雉,也就是我们常说的野鸡。士人用野鸡作为见面礼,是看中了野鸡特立独行的特征。这份礼物也象征着士人正直不阿的性格。

### 用羔羊做礼物

大臣的挚礼是羔羊。人们放羊的时候,羔羊总是紧紧跟在领头羊的后面,象征着大臣们终身跟随国君、效忠国君。

中国式礼仪

## 用大雁做礼物

　　大夫的挚礼是雁。大雁是一种随着季节变化南北迁徙的候鸟，它的这种习性象征着大夫能够分辨时宜，不乱秩序。

## 先通报来意

　　《士相见礼》上说：士人手捧挚礼去拜访他人时，不会直接进门，而是站在门口，等待主人家的传令者向主人通报来意。

## 主人辞谢宾客

　　《士相见礼》上说：主人接到通报以后，会先请传令者出门辞谢宾客，告诉他："与您相见是我的荣幸，但您如今亲自登门拜访，我实在是不敢当。"

## 再次请求拜见

　　《士相见礼》上说：传令者回复宾客以后，宾客会再次请求拜见，主人又会推辞，宾客继续求见，这时主人才会接受宾客来访。但主人会推辞礼物，等宾客坚持以后，才接受礼物，出门迎接客人。

# 待客礼

中国古代有多种待客礼仪，在几千年的时间中，那些传统习俗从未间断过。今天，我们过年的时候吃团圆饭、走亲戚等待客习俗，就是对古代待客之礼的传承。

中国式礼仪

礼仪小故事

## 倒屣相迎

东汉献帝时期,左中郎将蔡邕很受朝廷器重,家里经常高朋满座。有一天,蔡邕的仆人通报王粲来访。蔡邕迫不及待地出门迎接他,竟然把鞋子穿倒了。在场的宾客以为来了位大人物,当他们看见年幼瘦弱的王粲,觉得非常吃惊。后来就用"倒屣相迎"表达主人迎接客人时失态的高兴心情。

## 打扫客人要坐的床榻

《童蒙须知》告诉我们在迎接客人之前，主人和家人要整理房间，准备好各种用品；要在客人到来之前，打扫好客人要坐的床榻，精心地打扫院子，等待客人的到来。

## 在门口迎接客人

《童蒙须知》上说：客人来了，主人要主动迎出，在门外与客人拱手作礼。如果还有其他人在场，需要进行相互介绍，一般采用先宾后主的介绍顺序。

**中国式礼仪**

### 在家里招待客人

《童蒙须知》告诉我们进家门以后,主人先请客人落座,然后主人再坐下。仆人会送上饮品和点心,按照先奉老后奉少、先奉生后奉熟的顺序端给众人。

### 主动与客人交谈

《童蒙须知》告诉我们主人要主动与各位客人交谈,交谈时应当选择大家都有共鸣、人人都能参与的话题。交谈时,目光要与客人有交流,把气氛带动起来。

### 不呵斥宠物

《礼记·曲礼》中说:"尊客之前不叱狗。"意思是如果主人家里养着狗等宠物,主人不可以当着客人的面呵斥狗,这样会让客人产生主人其实心里讨厌它,指桑骂槐,希望他马上离去的误会。

### 送别客人

《童蒙须知》上说:送别客人的时候,要等客人先站起来,主人才能站起来,然后向客人表达挽留之意,客人向主人表达感谢之情。主人要将客人送出大门,然后挥手致意,目送客人远去。

# 称谓礼

　　称谓是社交礼节的一个重要组成部分,我国古人对它特别重视,什么时候应该称呼名,什么时候称呼字,怎么尊称别人,怎么谦虚地称呼自己,这些关于介绍的礼仪都有它的基本规则。

中国式礼仪

礼仪小故事

## "犬子"的来历

司马相如是他父母的小儿子,小时候体弱多病,他父母为了让他好养活,故意给他取了一个"犬子"的名字,希望他能健健康康地长大。司马相如长大以后,给自己重新改了名字,于是,"犬子"就变成了他的小名。由于司马相如的名气太大了,人们纷纷效仿他,用"犬子"来谦称自己家的孩子,这个词语就这样流传到了今天。

## 不称呼父母长辈的名字

《童蒙须知》上说:"凡称呼长上,不可以字。凡对父母长上朋友,必称名。"意思是说,凡是称呼长辈时,不可以直接叫长辈的名字,应该按照辈分或者年龄来称呼他们,这样才是有礼貌的表现。

## 对长辈要报自己的名字

《童蒙须知》上说:当我们对长辈、朋友介绍自己的时候,应当报自己的名,而不是说自己的字。

## 对平辈要称字

《童蒙须知》告诉我们,遇到和我们年纪相仿的平辈,要称呼对方的字,而不是称呼对方的名。我们还可以根据对方的年龄,直接用兄或者姐来做尊称。

## 对年纪小的人称名

《童蒙须知》上说:如果遇到年纪比我们小很多的人,作为对方的兄或姐，我们可以直接称呼对方的名字。

## 用"家"字来称呼他人

《童蒙须知》告诉我们，当我们对别人称自己辈分高或者年纪大的亲戚时，应当加上"家"字。比如，称父亲为家父，称母亲为家母。

## 用"愚"字来进行自称

《童蒙须知》上说：我们向比自己年轻的人称自己时，可以加上一个"愚"字，比如，称自己为愚兄。

## 用"令""尊""贤"敬称他人

在人际交往中，我们对于对方或者对方亲属应当使用令、尊、贤等敬称。令用于称呼对方的亲属，比如令尊、令堂、令兄、令郎等；尊用于称呼与对方有关的人或物，如尊上、尊公、尊驾等；贤用于称呼平辈或者晚辈，如贤郎、贤弟等。面对同辈友人，还会用仁表示敬重，比如仁兄、仁公等。

# 谈话礼

古代的谈话礼是人们在日常交往或正式场合对人的一种礼仪，它指的是说话有礼貌，懂得与他人的相处之道，在与人沟通的过程中知道如何去尊重别人。谈话之礼容易懂、容易学、容易做，它能提升我们的沟通技巧，使我们在社会交际中更受欢迎。

中国式礼仪

礼仪小故事

## 戒多言

曹操害怕有人偷偷谋害自己,便对侍卫们说:"我梦中会杀人,我睡着的时候,你们千万不能靠近我!"一天晚上,曹操在帐中睡觉,被子不小心掉到了地上。一位侍从看见了,连忙把被子捡起来,盖在曹操身上。谁知,曹操从床上跳起来,挥剑杀死了侍从。然后,他又继续上床睡觉了。

半夜,曹操故意起来,看见侍从的尸体,假装吃惊地问:"谁杀了我的侍卫?"大家说了实话。曹操痛哭了一场,下令厚葬了侍从。从此,人们都以为曹操真的会在梦中杀人,只有杨修看穿了他的心思。下葬时,杨修惋惜地对侍从的棺材说:"不是丞相在梦中,是你在梦中啊!"曹操听见了,十分讨厌杨修,后来便借故杀掉了杨修。

## 不可怠慢父母长辈

《童蒙须知》上说:"如果父母或者家中的长辈们同你说话,你应当快速走到他们面前,仔细聆听对方的言语,千万不可以懈怠、怠慢对方。"

## 态度要谦恭

《童蒙须知》上说:凡是做人弟子的,一定要态度谦恭,说话和缓,不可以高声喧闹、玩笑嬉闹。父兄师长教导我们的时候,只应当低头聆听,不可妄加议论。

## 不要忤逆师长

《童蒙须知》上说:如果师长或朋友检查我们行为时犯了错误,不要马上辩解,应当缄默不言。等过段时间以后,再慢慢地一条条解释。这样处理的话,就不会忤逆师长,也能将事情弄明白。

## 不要声张他人的事情

《童蒙须知》告诉我们，当我们听到关于他人行为的抱怨时，应当包涵对方，不要马上声张出去。等到私下相处的时候，再告诉对方，希望对方改正。

## 不要议论他人缺点

《童蒙须知》告诉我们，不要在背后议论他人，既能反省自己的缺点、又能宽容他人缺点的人，才是真正有修养的人。

## 言辞要温和

在与他人交谈的时候，我们要注意言辞温和，不要直接用语言冒犯对方。同时，我们要懂得尊重对方的意见和观点，不要轻易打断他人的言论，或者用言辞贬低他人，以免引起争论或矛盾。

## 学会选择谈话内容

古代人们交谈的内容通常涉及诗词、文学、历史等，双方会通过谈论这些话题展示自己的学识与修养，增加彼此的知识与见识。

# 迎送礼

迎送礼仪是中国古代社会人际交往中最为常见的一项礼仪，也是现代社会礼宾待客当中不可或缺的重要环节。

中国式礼仪

礼仪小故事

## 折柳送别

春秋时期,晋国大臣介之推保护国君重耳出逃十几年,曾经割下大腿上的肉做汤给国君喝。后来,重耳重新当上国君,介之推却被遗忘了。介之推和老母亲住在绵山上,后来不幸被大火烧死在枯柳树下。人们为了纪念他,家家户户门口都插上柳枝,从此就有了折柳送别的寓意。

## 等候宾客大驾光临

《礼记·曲礼》提到"拥彗之礼",指的是在客人到来之前先把院子打扫干净,然后将彗(扫帚)立在门口,迎接客人到来,表示对客人的尊敬。

## 去郊外迎接

对于一些尊贵的客人,主人为了表示敬重的感情,往往还会到郊外去迎接,这在古代被称为"郊迎"。

## 欢迎光临

客人到达家门口的时候,主人应该亲自前往迎接,同时对客人说一些简短的欢迎语,比如"欢迎光临""欢迎惠临""欢迎大驾光临""已恭候多时"等等。

**中国式礼仪**

## 相互谦让

古代正式的会见会在宗庙中举行,主人与客人走到庙门之前的台阶时,要相互谦让三次。然后,如果主人与客人地位尊卑相同,要一起走上台阶;如果地位尊卑有别,要请尊者先走一步。

## 向客人表示歉意

如果客人来得比较突然,主人来不及亲自迎接。见了客人以后,主人会要说"失迎,失迎""有失远迎"等话语,表示对客人的歉意。

## 表示敬仰和关心

如果客人是主人很久没有见面的朋友,还可以说"久违,久违""别来无恙"等话语,表示对朋友的敬仰和关心。

## 离开请不要回头

古时候送别客人的礼仪要简单很多:主人把客人送到门外,向客人拜两次,客人不用回拜,直接离开就行了。但是,客人在离去的路上是不能回头的。

# 饮食礼

子曰:"不学礼,无以立。"早在我国周代,人们就已经形成了一套完整的饮食礼仪制度。这些餐桌上的礼尚往来不仅在古时候发挥过重要的作用,而且在现代社会也依然是我们需要注意和学习的日常行为规范。

中国式礼仪

礼仪小故事

## 怀橘遗亲

三国时期，有一个叫做陆绩的人。他六岁的时候，有一次随父亲去拜见袁术，袁术拿出一些橘子招待他们。临走的时候，陆绩悄悄往怀里藏了两个橘子，结果橘子不小心掉了出来，恰好被袁术看见了。陆绩红着脸对袁术说："对不起，先生，因为我母亲喜欢吃橘子，所以我想带两个回去给母亲吃。"袁术听了，派人拿来一袋橘子送给陆绩，以此表扬他的一番孝心。

### 请长辈入座

《弟子规》上说:"或饮食,或坐走;长者先,幼者后。"无论是在家里吃饭,还是在餐厅里用餐,一定要请爷爷奶奶、外公外婆、爸爸妈妈或者其他长辈们先入座。等饭菜全部上桌以后,要请长辈们先动筷子,然后自己再动筷子。

### 双手给父母端饭

《童子礼》告诉我们,当我们给父母长辈端饭的时候,要双手端碗,恭恭敬敬地把饭菜放到他们面前。如果父母给我们盛饭,要马上站起来,伸出双手接过饭碗,并且对父母说"谢谢"。这些行为都是尊敬父母长辈的基本礼仪。

### 留意长辈爱吃的菜

《童子礼》上说:用餐的时候,我们看到父母长辈喜欢吃哪道菜时,要主动把那道菜移到他们面前,方便父母长辈夹菜。

**中国式礼仪**

## 不要只吃一道菜

《礼记·曲礼上》说:"毋固获",意思是遇到自己喜欢吃的菜,不能只吃那一道菜,或者与其他人抢着去吃那道菜,这样的行为会让人觉得贪吃、没有教养。

## 饭菜不要回放

《礼记·曲礼》上说:"毋放饭",意思是说快要放进嘴里的饭,不要再放回饭碗里。"毋反鱼肉"的意思是自己吃过的鱼肉不要再放进盘子里。

## 吃饭时不要发出怪声

《礼记·曲礼》上说:"毋咤食",就是说吃饭的时候,不要吧唧嘴巴,让舌头在嘴里发出声音,这样会让主人觉得你嫌弃他的饭菜不好吃。"毋啮骨"的意思是不要专门去啃骨头,这样很容易发出奇怪的声音,显得很不尊敬旁人。

## 不要自己重新调味

《礼记·曲礼》中说:"毋絮羹。"意思是说客人不能自己动手重新调和羹味,这是非常没有礼貌的行为。

# 交往礼

"来而不往，非礼也。"我国古人十分重视人际间的相互交往，人与人之间既有来往，又有回访，迎来送往才能表现好客的礼节。

礼仪小故事

## 杜甫待客

诗人杜甫弃官以后，在成都郊外盖了一间草堂住了下来。有一天，好友岑参前来拜访，杜甫连忙吩咐妻子设宴款待。可是，家里只剩下了两个鸡蛋和一根大葱。妻子觉得拿不出手，杜甫安慰妻子说："没关系，心意最重要。"妻子依次端上了几道菜：两个蛋黄之间插着一根葱叶；两个蛋清；一段生煎葱白；一碗飘着葱叶的清汤，还有个蛋壳漂在上面。

杜甫看见这几道菜，吟诵道："两个黄鹂鸣翠柳，一行白鹭上青天。窗含西岭千秋雪，门泊东吴万里船。"岑参懂得杜甫的一番苦心，两人举杯畅饮，友谊更加深厚了。

### 穿戴要整洁

《弟子规》上说:"冠必正,纽必结。"迎接客人的时候,我们应该衣着整洁、干净大方,这是作为主人的基本礼仪。如果有尊贵的客人来访,主人还应当换上礼服迎客。

### 沏茶有讲究

无论古代还是现代,茶都是很多人喜爱的一种饮料。我们为客人沏茶的时候,要洗净双手和茶杯,然后根据客人的喜好选择茶叶的品种。取茶叶时,不能用手拿,而要用茶具取放茶叶,这些都是对客人的尊敬。

中国式礼仪

### 不要冷落客人

如果主人不太喜欢说话,那么客人就有可能感到有些尴尬,场面也会变得冷清,似乎客人很不受欢迎似的。这时,主人应该想方设法引起话题,让客人产生受欢迎的感觉。

### 不要当众争吵

《常礼举要》上说:家里来客人的时候,如果主人和家人发生了矛盾,不应该当着客人的面争吵甚至打斗,这样做会让客人感觉自己来得不是时候,坐也不是站也不是。所以家里产生矛盾应该私下解决,不要当众爆发。

### 招待客人一视同仁

《弟子规》说:对待所有的客人都要一视同仁,不能因为私心或偏见有差别地对待客人,或者因为疏忽而冷落了某位客人。

### 宾至如归

《常礼举要》上说:有远方的客人来家里做客,主人应当提前安排好客人的饮食和晚上休息的房间。如果家里没有客房,也应该临时腾出一间房间给客人,让客人有宾至如归的感觉。

# 辞别礼

与家人朋友辞别，是古代人的一件大事，主要在离别之际向对方表达自己的敬意及感激之情。在各种古书典籍中，我们可以看到很多与辞别相关的习俗，由此可见古人对辞别礼仪的重视。

中国式礼仪

礼仪小故事

## 李白与孟浩然

公元 725 年，李白来到襄阳游玩，他听说孟浩然隐居在此地，便前去拜访，两人很快成为了好友。公元 730 年，李白得知孟浩然要去广陵，便托人带信，约孟浩然在江夏的黄鹤楼见面。两人愉快地相聚了几天之后，李白送孟浩然上了船。望着好友远去的背影，李白的惆怅之情油然而生，挥笔写下了《黄鹤楼送孟浩然之广陵》这首诗。

### 向长辈行礼

古代人们离别的时候,无论是长别还是短辞,都很讲究行礼的方式。如果有长辈在场,需要行满头之礼表示对长辈的敬意。

### 赠送礼品

送礼也是古代辞别礼仪中非常重要的一部分,人们会通过赠送金银器、首饰、茶叶等礼物,向对方表达自己的感激之情。

中国式礼仪

### 感谢客人的礼物

客人告别的时候,通常都会赠送主人一件礼物略表心意。这时,主人应当感谢客人的心意,收下礼物,并赠送一些当地特产作为回礼,这也是对客人的尊重。

### 写诗告别

有时候,一些有才华的人会通过写诗表达自己离别时的心情,诗中既有自己的感激之情,也有对对方的美好祝福。

### 使用送客用语

主人与客人告别时,通常会热情地对客人说:"期待以后常来。""路上慢走。""一路平安"等话语,这些都是常用的送客用语。

### 折柳送别

古人在送别时往往会折柳相送,表达对即将离别的友人依依不舍的情谊。因为"柳"与"留"谐音,可以表达对友人的挽留之意。

# 入学礼

在中国古代，新生入学有隆重的"入学礼"。它甚至与成人礼、婚礼、葬礼相提并论，被视为是人生的四大礼之一。

中国式礼仪

礼仪小故事

## 程门立雪

有一天,杨时、游酢来到嵩阳书院拜见程颐老先生。程老先生正在闭目养神,两人求师心切,便恭恭敬敬侍立一旁,不言不动。很快,外面开始下雪了。过了大半天,程颐才慢慢睁开眼睛。他看见杨时、游酢站在面前,惊讶地说:"啊,你们还在这里?"这时,门外的雪已经积了一尺多厚了。后来,人们常用"程门立雪"的成语表示求学者尊敬师长和求学的心诚意坚。

### 整理衣冠

《礼记》上说:"礼义之始,在于正容体,齐颜色,顺辞令。"因此,古人开学第一课就是"正衣冠"。在入学那天,先生会依次帮学生整理好衣冠,再带领衣冠整齐的学生们进入学堂。

### 行拜师礼

学生进入学堂以后,要先对至圣先师孔子牌位进行叩拜,行九叩首的大礼。然后,学生再拜先生,对先生三叩首。

中国式礼仪

### 赠送礼物

学生向先生赠送六礼束脩，这是行拜师礼时，弟子赠与师父的六种礼物，分别是芹菜，寓意为勤奋好学，业精于勤；莲子，莲子心苦，寓意苦心教育；红豆，寓意红运高照；红枣，寓意早早高中；桂圆，寓意功德圆满；干瘦肉条，表达弟子心意。

### 净手净心

行过拜师礼后，学生要按先生的要求，将手放到水盆中"净手"。寓意是净手净心，去杂存精，希望学生能在日后的学习中专心致志、心无旁骛。

### 朱砂开智

这是开学仪式中的最后一道程序。先生手持蘸着朱砂的毛笔，在学生眉心处点上一个像"痣"一样的红点。朱砂点痣，取的是"智"的意思，意为开启智慧，希望学生日后的学习能一点就通。

# 读书礼

读书是中国古代人改变命运的重要途径，读书为乐、尊师重教的传统观念，历经千年变迁而不曾发生改变，甚至与今天的我们一脉相承。

中国式礼仪

礼仪小故事

## 凿壁偷光

西汉时有个农民的孩子叫匡衡,他很喜欢读书,但他白天要帮家里干活,只有晚上的时间才能读书。有一天晚上,匡衡躺在床上背白天读过的书,忽然,他看到东边的墙壁上透过来一线亮光,原来是邻居的灯光从壁缝里透过来了。于是,匡衡拿了一把小刀,把墙缝挖大了一些,凑着透进来的灯光读起书来。经过长时间的刻苦学习,匡衡后来成为了一个很有学问的人。

## 读书要"三到"

《童蒙须知》上说:"读书时需要达到'三到'的标准,也就是心要到位,眼要到位,手要到位。"只有做到了这三点,才算是聚精会神地读书。

## 温故而知新

《童子礼》告诉我们,读过的书,不要扔在角落里再也不管了,而应当经常拿起来复习。任何学过的知识都是会遗忘的,只有反复地复习,才能更加深刻地理解它们。

## 不要贪多嚼不烂

读书很忌讳贪多嚼不烂。读书不要图快,不要相互比速度,而应该一本一本地阅读。读完一本,消化它之后,再去读下一本,囫囵吞枣的读书方法是完全行不通的。

## 保持良好的读书环境

读书的环境非常重要,在窗明几净的室内读书,心情也会变得愉悦起来。我们要学会维护整洁的环境,不要让多余、脏乱的物品破坏了读书的心情。

中国式礼仪

### 读书要静心

要在心静的条件下读书。如果心不静，即使读了几个小时也依然一无所获。只有先让心静下来，才能收获满意的结果。

### 先洗手后读书

古人在读书之前会先把双手洗干净，因为手非常容易接触到各种污垢，而读书是非常庄重的事情，洗手可以表示对读书的尊重。

## 写字礼

古时候的小孩子很小就开始学写毛笔字了。每个人写的风格是不一样的,各有各的特点,如果能写一手漂亮的好字,那是非常令人羡慕的事情。

中国式礼仪

礼仪小故事

## 王羲之吃墨

大书法家王羲之小时候写字时专心致志。有一次，他在书房中聚精会神地写字，竟然忘记了吃饭。母亲只好让书童把他最爱吃的馒头和蒜泥送到书房里。过了一会儿，母亲来书房看小羲之，一进书房便笑得前仰后合。原来，王羲之一边吃饭一边研究字帖，竟然将墨汁当成蒜泥蘸着吃了，吃得满嘴乌黑。直到听到母亲大笑时，他才反应过来出了什么事情。

## 写字要专心致志

《童子礼》上说：写字时要态度端正，认认真真地写，不能一开始就养成随意、偷懒的坏毛病，这样写出来的字也是潦潦草草、歪歪斜斜。

## 不要写错别字

有些人不把错别字当做一回事，可是，错字是很难辨认的，而且有时还会因为一字之差带来很多麻烦。所以我们不要写错别字，这也是对他人的尊重。

## 写字要整洁

《童子礼》告诉我们，字好看不好看不重要，关键要认真去写字。字是一个人性格、态度的外在反映，不管学习什么风格的书法，把字写到位、把笔画写严谨才是最重要的。

## 爱惜笔墨纸砚

《童子礼》上说：笔墨纸砚都是我们写字的工具，我们应当爱惜它们，不要随意在上面乱涂乱画，要保持这些书写工具的整洁和完整。

中国式礼仪

## 保持正确的姿势

良好的写字姿势对于写好字意义重大，我们写字的时候不能歪着身体、扭着脖子写，这样不仅写不好字，还会影响身体的健康发育。

## 维持桌面整洁

我们写字的时候要保持桌面整洁，如果不慎弄脏了桌面，应当及时清理干净。写完字以后，要先将笔墨纸砚摆放整齐，然后才可以离开。

# 节日风俗礼仪

中华传统节日是从远古先民时期发展而来，这些多种多样的节日清晰地记录了中华民族丰富的社会文化内容，蕴含了极具中国特色的古老文明习俗。春节、立春、清明、端午、重阳……这些流传了几千年的节日风俗礼仪，碰撞出了灿烂而又辉煌的古代文明，为周而复始的岁月刻下了深深的时间印记。它们与我们民族源远流长的悠久历史一脉相承，是一份宝贵的精神文化遗产，值得我们一代又一代地继承和发扬下去。

# 除夕

　　除夕是每年年尾的最后一个晚上，也称作大年夜、除夕夜等。在中国人的心中，除夕有着极其特殊的意义。每到这一天，远离家乡的人们即使相隔千山万水，都要赶回家与家人团圆。全家人围坐在一起守岁，共同迎接新的一年的到来。

中国式礼仪

礼仪小故事

## "守岁"的来历

传说古时候有一种身黑手白的小妖怪,名字叫做"祟"。每年的最后一天夜里,祟就会溜出来害人。它用手在熟睡的孩子头上摸三下,孩子就会莫名其妙地发烧、说胡话,大病一场,最后变得有些痴呆。后来,到了除夕夜那天晚上,人们担心祟又来伤害孩子,就一家人点亮灯火,围坐在一起熬一夜,称为"守祟"。

为了更加严密地保护孩子,还有人想出了压"祟"钱的好办法。等孩子睡着以后,把"压祟钱"放到孩子的枕头下面,即使祟偷偷溜到了孩子房间,铸在钱币上的文字和图案也能镇压它,保护孩子的平安。这些方法流传到现在,就演变成了除夕"守岁"和发"压岁钱"的习俗。

### 饭前祭祖

除夕是阖家团圆的日子，也是祭祀祖先的日子。当人们做好丰盛的年夜饭以后，应当及时沐浴更衣，去除身上的油烟气味儿以后再祭拜祖先，要等到祭祖结束之后，一家人才能开始吃年夜饭。

### 吃团圆饭

以合家聚饮的方式庆祝家人团圆，是中国古老的年节礼仪传统。家家户户都要备办菜肴，迎接新年。明代时期，无论是宫中还是民间，在除夕的晚上都要相聚欢饮，亲人们团坐在一起感受合家欢的乐趣。

### 踩岁

清代时期，在除夕晚上，人们要在院子里或者门口、通道铺上芝麻秆，然后一家人踩着芝麻秆走路，脚下发出噼啪噼啪的声音，这就是踩岁的习俗。它寓意把旧年中的晦气全都赶走，在新的一年里万事如意。

中国式礼仪

### 一起守岁

"共欢新故岁,迎送一宵中。"在中国,除夕夜守岁的习俗大约有两千年的历史了。全家人吃完年夜饭以后,围着火炉说笑聊天,小孩子在身边嬉戏,大家通宵不眠,等待新岁到来。

### 烧火盆

除夕夜,古人会在大门外堆一堆松枝或者木柴烧火盆。家家户户的火盆燃烧起来以后,红通通的火光映红了天空,含有除灾助长阳气的寓意,格外耀眼。

### 打灰堆

在除夕夜天快亮但还没有亮、公鸡快要打鸣的时候,家里的女人们要拿着棍杖去击打家里积肥的粪堆或者垃圾堆,嘴里还要念念有词,祈祷家里在新的一年能够风调雨顺、五谷丰登等,这种习俗就叫做"打灰堆"。

### 挂灯笼

在除夕夜守岁的时候,家家户户门口都会挂起点亮的红灯笼。红色的灯笼象征着红红火火、平安吉祥,充满了喜庆的气氛。

# 春节

　　春节在古时候也叫做"年节",自汉武帝太初元年开始,制定了以正月初一为"岁首"的习俗,春节的日期便从此固定了下来。当春节的第一缕阳光出现,一元复始,万象更新,新的一年就此开始。

中国式礼仪

礼仪小故事

## 吃饺子的来历

民间传说吃饺子与女娲造人有关。女娲用泥土捏人的时候，天寒地冻，泥人的耳朵很容易被冻掉。为了固定住泥人的耳朵，女娲便在泥人的耳朵上扎了一个小眼，用细线把耳朵拴住，然后把线的另一端放在黄土人的嘴里咬着，这样耳朵就不会被冻掉了。后来，老百姓为了纪念女娲，就用面捏成人耳朵的形状，里面包上馅（线），用嘴咬着吃，从此就形成了吃饺子的习俗。

节日风俗礼仪

### 开门鞭炮

"爆竹声中一岁除,春风送暖入屠苏。"在正月初一的早晨,人们要早早地起床,开门放鞭炮。这叫做"开门鞭炮",寓意一家人的日子在新的一年里能像鞭炮一样红红火火。

### 给诸神拜年

给诸神拜年是春节礼仪中最久远的信仰。古代人认为新岁的到来是天神的赐福,所以他们新年开门要做的第一件事,就是根据黄历上的提示,面朝吉利的方位烧香叩拜,感谢诸神的恩赐。

### 给祖先拜年

中国传统社会是家族社会,古代人认为逝去的祖先会在除夕夜回到人间,与子孙后代们团聚。所以当新年到来以后,古人会先祭拜天地,然后恭恭敬敬地叩拜祖先。

**中国式礼仪**

## 相互拜贺

在朝廷，百官要上朝向帝王恭贺，帝王也举办宴会款待群臣。在民间，人们在家族中要先给长辈拜年，特别是小孩子要给长辈磕头拜年，长辈还会笑呵呵地赏给儿孙压岁钱。

## 出门拜年

古人也有出门拜年的习俗。但上层士大夫并不会亲自出门拜年，而是派佣仆拿着自己的名帖，代替本人向他人拜年。普通百姓则是在长辈的带领下，向亲朋好友、街坊四邻拜贺新年。

## 饮椒柏酒

古代人会用花椒、柏枝酿制一种椒柏酒，在大年初一晨曦微露的时候，古人会点燃鞭炮，在噼里啪啦的鞭炮声中用椒柏酒来祭祖，或者献给家中长者饮用。

## 聚财

古时候传说正月初一是扫帚生日，人们在这一天不能用扫帚，否则会扫走一年的好运气，还会破财。直到今天，许多地方还保留着初一不倒垃圾的习俗。

# 元宵节

正月十五"元宵节"始于两千多年前的秦朝,是春节之后的第一个重要节日,又称为上元节或者灯节。因为正月是农历的元月,古人又将夜称为"宵",所以把一年当中的第一个月圆之夜称为"元宵节"。

中国式礼仪

礼仪小故事

## 元宵的来历

在我国汉魏时期,民间大肆庆祝新年的第一个月圆,久而久之就有了元宵节。到了宋代,达官商贾在这天流行吃一种名为"浮元子"的新奇食物。这种食物外形圆滚滚,味道甜美,特别受人喜爱。后来,"浮元子"慢慢普及到了民间,人们又将它改称为"元宵",从此成为了元宵节的必备食物之一。

### 祭奠神明

老百姓在元宵节这一天要在家里焚香摆贡品，全家人共同祭奠神明和祖先，祈求他们保佑家人在新的一年平安幸福。

### 走百病

到了元宵节，妇女们会穿着节日盛装，成群结队走出家门，直到半夜时分才结伴返回家中，这就是"走百病"的习俗。特别是看到桥的时候，妇女们一定要走过去，这叫做逢桥必过，含有祛病延年的寓意。

### 赏灯会

历朝历代都会在正月十五举办盛大的灯会，家家户户门口

中国式礼仪

也会悬挂五颜六色的彩灯,人们看花灯、猜灯谜,热热闹闹、喜气洋洋地欢庆元宵佳节,真可谓节到元宵气象新,满城灯火笑语喧!

## 尊长养老

汉代宫廷会在正月十五当天举行乡射礼和乡酒礼,乡射礼以射箭、比赛、礼乐、宴饮为主,乡酒礼宴饮的宾客多为年高有德者,目的在于明尊长养老,明长幼之序。

## 不能借钱给他人

从进入腊月开始,古代传统习俗就不能借钱给他人。因为在古代人看来,过年期间让钱财外漏是非常不吉利的事情,既会影响家人的经济情况,也会破坏自己在新年里的运势。

## 不能说不吉利的话

古代人认为正月十五是天官赐福的日子,如果在这一天说脏话或者不吉利的话被天官听到以后,天官一怒之下很可能不给家里赐福,甚至还会带走一年的好运气,让家里运势衰败或者走霉运。

# 社日节

　　社日是古老的中国传统节日，也被称为土地公公的生日。由于古人认为土生万物，土地是人类居住生活的场所，也是人类获取衣食住等生存资料的来源之地，所以格外尊敬管理五谷生长和地方平安的土地公公，并会在农历二月初二前后进行隆重的祭祀活动。

中国式礼仪

礼仪小故事

## 小小的土地庙

百姓立的土地庙通常遍布在各地城乡中，有的是由附近居民捐钱建造的庙宇，有的则是在乡间村头砌成的小庙，甚至还有些更为简陋，是用四块石片盖成的：三块做墙，一块盖顶。尽管这些土地庙看起来实在有些委屈土地公公，但人们却从未听过他抱怨。所以，民间雕塑的土地神像大多都是一位面容慈祥的长者。后来，有人觉得土地公公一个人守在破庙里面太冷清了，又给他雕塑了一个慈眉善目的土地奶奶，让他们相互做个伴儿。

## 祭拜土地公公

古代人在社日这天会去土地庙祭拜土地公公。除了烧香祭祀、敲锣打鼓、燃放鞭炮以外,人们还要在土地庙前面聚餐欢饮,甚至进行擂鼓、对歌等活动。

## 畅快饮酒

在社日这一天,男女老少会在一起聚餐,无拘无束地饮酒歌唱。据说在社日喝酒可以治疗耳聋,所以人们都会尽情畅饮,甚至出现"家家扶得醉人归"的场景。

## 吃社肉和社糕

人们除了喝酒以外，还会分享自己制作的社肉、社糕和各种果品。社肉也叫做福肉，据说吃了它可以得到土地公公的福佑。社糕是在面粉中加入蜂蜜、果仁和白糖，然后放入蒸笼中蒸熟，松软可口，老人小孩都很喜欢吃它。

## 除虫

二月初正逢惊蛰前后，民间会采用清扫房间、拍打被褥、给角落洒灰等方法除虫。在华北一带还会用油煎食物，利用油烟熏房子里的虫子和蝎子，然后吃掉煎好的食物。据说用这种方法可以有效地免除虫蛀。

## 放假

社日这一天可以说是集体放假日。官员这一天可以在家里休息，家里日日操持家务的妇女也要放下手中的活计；小孩子们不用上学，可以结伴尽情玩乐。人人都沉浸在放松、喜悦的气氛中。

# 上巳节

上巳节是汉民族的传统节日。在汉代以前，将三月上旬的巳日定为上巳节；魏晋以后，将上巳节固定在农历三月初三这一天，所以又称作"三月三"。

中国式礼仪

礼仪小故事

## 黄帝的诞辰日

上巳节也是纪念黄帝的节日,据说三月三是黄帝的诞辰日。传说黄帝一生下来就显得与众不同,出生没几天就能说话,长到 15 岁已经无所不知。到了 20 岁,黄帝继承了有熊国君的王位。从此,有熊氏的势力得到迅速发展,并形成一个独立的黄帝部落。在黄帝的领导下,黄帝部落迅速发展壮大,部落民众从此安居乐业。

## 袚禊

袚禊指的是上古时代的人们在上巳节这一天，会在水边举行祭礼，然后用兰草在水里沐浴，用春水洗去身上的污垢和尘埃，消除冬天积存的病害，在新的一年里清洁免疫、吉祥如意，因此也叫做春浴日。

## 曲水流觞

古时候，由于北方地区三月初的气温还很低，人们无法在冰冷的河水里洗浴，因此到了晋朝，北方文人采用了"曲水流觞"的活动形式：众人坐在水边，将装有酒水的小酒杯放入河里顺水漂流，酒杯停留在谁面前，谁就喝掉这杯酒。

**中国式礼仪**

### 射雁

古人在上巳节期间还会用一种带丝线的箭射击野雁,射中以后,将丝线收回来,取下猎物。在当时的条件下,这种雁是送人的最好礼物。

### 互赠香草

古人认为香草独特的气味能够驱邪,对身体大有好处。因此,在上巳节的时候,人们会相互赠送香草,祝福对方健康吉祥。

### 不可或缺的荠菜花

荠菜是生长在田头地角的一种野菜,古人把荠菜花铺在灶台和睡觉的地方,认为它可以去除蚂蚁等虫害;把荠菜花藏在衣服里面,可以不让衣服被蛀虫蛀咬;把荠菜花戴在头上,可以减轻头痛病。

### 临水浮卵

临水浮卵也是上巳节的活动中一种古老的习俗。人们将煮熟的鸡蛋放在河水中,任由它漂浮,谁拾到了鸡蛋,谁就吃掉它。

# 寒食节

或许很多人都不知道,清明节的前一天就是寒食节。寒食节是一个古老的节日,起源于春秋时期,古人在这一天都会祭拜祖先,表达自己的怀念之情。

中国式礼仪

礼仪小故事

## "寒食"都有哪些?

古代也把寒食节叫做"禁烟节",家家户户都禁止生火煮饭,只能吃提前准备好的熟食或者冷食,常见的寒食有青团、凉糕、凉面、凉粉、馓子、粥等等。根据史料记载,古时候有吃寒食三日、五日、七日等不同的说法。如果家里没有准备好足够多的寒食,那就只能饿肚子了。

## 祭拜扫墓

每逢寒食节，每家每户都会到自己的祖坟上祭拜祖先。人们会给祖坟除草、添土、挂纸钱，然后摆放祭品，叩拜祖先。最后，人们还会将祭品带回家中，用柳枝串起来悬挂在房门上，希望能够得到祖先的庇护。

## 踏青

古时候，人们会在寒食节这天相约外出游玩。寒食节恰逢三月末四月初的时间，天气回暖，万物复苏，是非常适合外出踏青的好时节。

## 插柳枝

对于古代人来说，柳树就是寒食节的象征。传说寒食节插柳可以辟邪，于是每家每户都会将嫩柳枝插在屋檐下面，或者悬挂在门窗之上。

中国式礼仪

### 咏诗

文人墨客时常在寒食节时触景生情,他们会聚在一起作诗,留下许多传世佳作。比如,明代高启的名句"风雨梨花寒食过,几家坟上子孙来?"就颇为让人感叹。

### 荡秋千

从南北朝时期开始,民间就已经出现了寒食节荡秋千的风俗。荡秋千既能活动身体,又赏心悦目,因此成为民间广泛流传的民俗活动。

### 不要走亲访友

在寒食节前后不适合走亲访友,特别是家中三年内有逝者的,尽量避免在这段时间去探望对方。遇到非去不可的情况,也应当提前与对方沟通好时间,不可冒昧前往。

### 不要口无遮拦

寒食节祭拜祖先的人非常多,在路上看见有人祭奠,最后能够提前避开,不要打扰对方;更不能随意地践踏他人留下的供品,或者对人家的祭奠行为和供品说三道四。

# 立春

　　立春是二十四节气中的第一个节气，有着万物起始、一切更生的美好含义。虽然此时依然春寒料峭，但大自然已经出现了生机勃发的景象。从立春开始，冰天雪地的冬季已经过去，万物复苏的春季正式到来。

## 礼仪小故事

### 打春牛的故事

根据史书记载，在立春前三天，周天子就开始斋戒。等到了立春这天，周天子会用特制的鞭子鞭打立在皇宫门前的泥塑春牛，然后率领三公九卿诸位大夫前往东方八里的郊外迎春，祈求今年能获得大丰收。后来，打春牛的习俗传入了民间。县官会在立春前一天迎接用泥土做的春牛，并将它放在衙门前，在立春那天用红绿色的鞭子抽打。仪式结束之后，众衙役还会把春牛打碎，老百姓会把打碎的"泥牛"碎片抢回家，认为这是吉祥的象征。

## 迎春

古代人会在立春前一日进行迎春活动，把春天和芒神迎接回家。为了表示对迎春活动的重视，人们还会提前进行预演，保证迎春活动能够顺利进行。

## 报春

报春是立春时节的传统习俗。古时候，会有两名艺人头戴五彩饰带沿街高喊："春来了。"这就叫做报春。

## 踏春

立春以后，人们会选择春暖花开的日子携家带口外出游玩，这就是踏春，也是我们现在所说的春游。

## 咬春

"春日春盘细生菜，忽忆两京梅发时。"到了立春日，北方一些地方要吃萝卜、吃生菜、食春盘，叫做"咬春"。诗句中提到的生菜，其实就是今天的韭菜。在南方，人们会用吃春卷来庆祝立春日的到来。

中国式礼仪

## 春耕

立春是农耕开始的象征,农民们会在这一天开始春耕,为新的一年的农作物播种。

## 送春

古时候,民间艺人会在立春这一天制作许多小泥牛,称为"春牛",将它们送给附近的人们,这就叫做"送春"。

# 清明

　　清明是一个非常特殊的日子，将自然节气与人文风俗完美地融为一体。清明既是我国的二十四节气之一，很多人都会在清明时节踏青、郊游；又是扫墓祭祖的节日，人们会在这一天前往墓地祭拜，表达对祖先的思念之情。

中国式礼仪

礼仪小故事

## 清明节的来历

春秋战国时期，介子推辅助重耳做了国君，这就是晋文公。晋文公想请介子推受赏封官，介子推不肯见他，带着老母亲躲进了绵山。晋文公下令放火烧山，想让介子推出山，谁料介子推抱着一棵大柳树活活烧死了。晋文公非常内疚，将介子推和母亲厚葬在烧焦的大柳树下。

第二年，晋文公领着群臣步行登山祭奠介子推。当他们来到坟前时，惊讶地发现烧焦的柳树竟然复活了，无数根绿色的枝条随风飘动。晋文公走上前，折下一根柳枝，编成一个圈套在头上。等祭奠仪式结束以后，晋文公当众给老柳树赐名为"清明柳"，然后又把那一天定为清明节，用来祭祀逝去的亲人。

## 祭祖扫墓

清明是我国传统祭祀节日之一，人们会按照当地的风俗习惯，带上水果、食品、纸钱等物品来到墓地，烧纸钱、添新土，磕头跪拜。

## 折柳赠别

从汉朝开始，人们逐渐形成了折柳赠别的习俗。因为"柳"与"留"谐音，所以人们借柳枝表达对即将离别的亲友尽挽留之情，同时也寄托了对亲友的美好祝福之情。

## 吃青团

在清明时节，江南一带有一种名叫"青团"的小吃。它是将清明节前后生长的艾草打汁以后，与糯米粉搅拌在一起做成团子。这种团子通体碧绿色，所以叫做青团。

## 插柳

在黄河流域、长江流域一带，小贩会在清明节的清晨沿街叫卖杨柳枝。人们会在自家的门头上插上蘸了清水的柳枝，或者在屋檐下面挂上柳条，妇女们还会将柳枝编成球状，戴在发髻旁边。

中国式礼仪

## 荡秋千

荡秋千是中国古代清明节的习俗之一，最早叫做"千秋"，后来才改为"秋千"。古时候的秋千是用树枝作为架子，上面拴上彩带，后来才加上踏板。这一古老的习俗深受人们喜爱，一直流传到今天。

## 放风筝

古代人会在清明时节放风筝。有人把风筝放上高空以后，会亲手剪断拉线，任由风筝飘往天涯海角。据说这样做可以除病消灾，增加好运气。

# 端午节

　　每年农历五月初五是我国传统的端午节,也叫做端阳节、龙舟节、重午节、五月节等。端午节由上古时代的祭龙演变而来,是集拜神祭祖、祈福辟邪、欢庆娱乐为一体的民俗节日,也是人们最熟悉的传统节日之一。

## 礼仪小故事

### 屈原的传说

公元前 278 年,秦国攻破楚国都城。屈原不忍心看到自己的国家被侵略,于是在五月五日写下了绝笔《怀沙》,含恨抱着一块大石头投汨罗江自尽。楚国的百姓知道屈原投江之后,悲痛万分,他们划着船在江上打捞了很多遍,始终没有寻找到屈原的尸体。百姓们担心河里的鱼虾啃食屈原的尸体,便用粽叶把米饭包裹起来,外面缠上五彩丝线投入江中,这种做法后来就演变成了粽子,而五月初五那一天,也成为了人们纪念屈原的节日。

### 赛龙舟

在南方的不少地区,每年端午节都会举行赛龙舟的活动。龙舟是一种长而狭窄的船只,上面装饰着彩色的龙头和龙尾。船头有一位鼓手负责敲鼓,船身上有20多名划手同时用力划桨,是深受人们喜爱的民间传统水上娱乐项目。

### 吃粽子

粽子是端午节必不可少的传统食物。粽子是用糯米为馅,里面加入红枣、蜜枣、红小豆等配料,用粽叶包裹成三角形或四角形,味道香甜可口。

### 系五色线

端午节清晨,各家大人会在孩子的手腕、脚腕上系上五色彩线。据说,孩子戴上五色线可以避开蛇蝎类毒虫的伤害,保护身体安康。

### 悬挂艾草

在端午节，家家户户都会在大门口悬挂艾草。艾草是一种可以治病的药草，有一种特殊的气味，民间认为它具有辟邪、招百福的作用，挂在门口可以保佑家人身体健康。

### 佩戴香囊

香囊也叫做香袋、香包，里面装有甘草、雄黄、丁香、白芷等香料，用彩色绸缎包裹而成，外面缠绕着五彩丝线，造型多样、小巧玲珑。人们通常将香囊佩戴在孩子身上，传说有避邪驱瘟的寓意。

### 洗草药水

端午这天是草木一年中药性最强的一天，很多地方都有采草药、煮草药水沐浴的习俗。在端午日采集艾草、菖蒲、桃叶等煮成药水洗浴，可以治疗皮肤病、去邪气。

# 七夕节

　　七夕节是中国民间传统节日,又称为乞巧节、七巧节、女儿节等。因为它被赋予了"牛郎织女"的美丽爱情传说,所以也被认为是中国民间最具有浪漫色彩的传统节日。

中国式礼仪

礼仪小故事

## 牛郎织女的传说

传说织女是天上王母娘娘的孙女，擅长编织云霞。有一天，织女偷偷下到凡间，与牛郎成了亲，过上男耕女织的生活。王母娘娘发现织女不见了，勃然大怒，派天将把织女捉回天宫。牛郎用扁担挑着两个孩子，披着老黄牛的皮追上天去。王母娘娘拔下发簪，在空中划出一道天河，拦住了牛郎，只允许他们在每年的农历七月七相见一面。后来，牛郎与织女坚贞的爱情感动了喜鹊，在七月七这天，所有的喜鹊都飞到天河上，用身体搭成一道跨越天河的鹊桥，让牛郎织女在天河上相会。

## 穿针乞巧

古时候,在七月初七这天傍晚,家家户户把庭院打扫干净,年轻女子先向织女星跪拜,祈祷它保佑自己心灵手巧。然后,她们拿出五彩丝线和七根银针对月穿针,谁穿得越快,就意味着谁乞到的巧越多。

## 喜蛛应巧

从南北朝时期开始,民间在七月初七这天出现了喜蛛应巧的乞巧方式。人们将小蜘蛛放入小盒子里面,等到第二天天亮的时候打开盒子,观察蜘蛛网的编织情况,根据蜘蛛网的疏密判断得巧的多与少。

## 投针验巧

在明清时期,民间盛行投针验巧的七夕活动。七夕前一天,人们把一只面盆放在天井里,里面倒入适量的河水和井水,等到第二天中午,就可以验巧了。面盆里的水经过阳光的照射,表面会形成一层薄膜,把一根缝衣针轻轻平放在水面上,如果水下出现了各种形状的针影,就是得巧了;如果针影是笔直的一条,那就是乞巧失败。

中国式礼仪

### 储七夕水

在七夕清晨第一遍鸡叫以后，人们会去河边打水，然后把水放入新瓮里。到了晚上，将玫瑰花、茉莉花、米兰花等七种鲜花泡在水里，传说用这种七色花水洗脸，能使女子变得更加美丽。

### 七夕观星

在七夕的夜晚，年轻的女子会在庭院里摆放上各种时令水果，然后对着牛郎织女星祭拜，祈求织女能够让她们变得更加心灵手巧，祈求自己能够收获美满的爱情。

### 听悄悄话

到了七夕夜里，有些女子还会蹲在瓜棚架子下面，或者藏在井栏旁边，偷听牛郎织女的悄悄话。如果碰巧能够听见一些细语声，那就表示她将会得到忠贞不渝的爱情。

# 中元节

在民间，人们通常把中元节称为"七月半"。它原本是上古时代民间的祭祖节，现在已经成为人们追怀先人的一种文化传统节日，与除夕、清明节、寒衣节等共同属于中华民族传统的祭祖大节。

## 礼仪小故事

### 中元节的来历

相传地藏菩萨的母亲去世之后，进入了阴朝地府，受尽了各种折磨。地藏菩萨看见母亲受罪心里很难受，在农历七月十五这一天，他竟然偷偷打开了牢门，把母亲放了出来。谁知道，其他的小鬼们也都跟着逃出了地牢，跑回人间向家人索要钱财。后来，人们就把这一天定为中元节，通过烧纸钱、放鞭炮等方式祭祀祖先，以表达对先人的怀念和敬意。

杜甫看见这几道菜，吟诵道："两个黄鹂鸣翠柳，一行白鹭上青天。窗含西岭千秋雪，门泊东吴万里船。"岑参懂得杜甫的一番苦心，两人举杯畅饮，友谊更加亲密了。

## 祭祖

古时候，人们相信祖先会在七月半返回家中探望子孙，所以都要举行祭拜仪式。中元节这一天，人们将祖先遗像供奉在祠堂，全家人都要来到祠堂，按照辈分和年龄的顺序焚香、点烛、烧纸，进行祭祖礼仪。

## 放河灯

中元节这一天，民间还有放河灯的习俗。人们将河灯放入江河湖海之中，任它随波漂流。一盏盏河灯寄托了人们对先人的思念，还有将厄运随着水东流消散的美好寓意。

**中国式礼仪**

### 祭鬼

民间认为七月十五是鬼门开放之日，众多孤魂野鬼都会离开阴间，来到人间游玩。所以人们会用放河灯、烧纸钱、施食等方式普度亡灵、驱除邪气。

### 烧纸钱

人们在祭祀祖先的时候，会焚烧大量的纸钱。据说，这样可以使先人在阴间有钱花，让他们在另外一个世界过上更好的生活。纸钱务必要焚烧干净，不可只烧掉一些边边角角。

### 祭祀土地神

中元节时期恰好赶上了小秋的农作物丰收，所以这天的祭祀活动也被称为"农作丰收秋尝祭祖"，晚辈要把丰收的喜悦与祖先分享，同时表达对土地神的感恩和敬意。

### 施食

在农历七月初一到七月三十日之间，人们会择日用酒肉、糖饼、水果等祭品举办一些祭祀活动，将它们供奉给无人祭拜的孤魂野鬼。

# 中秋节

　　中秋节是中国民间传统节日，又称为团圆节、祭月节、拜月节等。上古时代，人们对"月神"格外崇拜，在秋季会举行祭月仪式，后来又演化为赏月、颂月等活动，最终演变成了以家庭团圆为主题的现代节日。

中国式礼仪

礼仪小故事

## 嫦娥奔月

相传古时候天上有十个太阳,老百姓苦不堪言。一名叫后羿的英雄,登上昆仑山,一口气射下了九个太阳,为民除了害。后来,后羿和美丽善良的嫦娥成了亲。有一次,后羿在昆仑山遇到了天上的王母娘娘,王母娘娘送给他一颗金丹,吃了它可以飞升成仙。后羿不愿意成仙,回家后就把仙丹交给嫦娥保管。

后羿有个徒弟叫逢蒙,他听说了仙丹的事情以后起了坏心眼。等后羿外出狩猎的时候,他借故没去,逼迫嫦娥交出仙丹。嫦娥不愿意将仙丹交给坏人,便自己吞下了仙丹,飘飘荡荡飞上了月宫。

后羿回家以后悲痛欲绝,四处寻找嫦娥。那天晚上恰逢农历八月十五,后羿看见又圆又亮的月亮里出现了嫦娥的身影,便在院子里摆上水果、糕点,遥祭月宫里的嫦娥。从此以后,八月十五中秋祭月的习俗就这样流传开了。

## 祭拜月神

在周代，每逢中秋夜人们都要祭拜月神。人们在院子里面摆上大香案，放上月饼、西瓜、苹果、红枣、李子、葡萄等祭品，然后将月亮神像放在月亮的那个方向，点燃红烛，全家人依次拜祭月亮。最后，当家主妇要根据全家人数均匀地切开团圆月饼，分给大家吃。

## 赏月

祭祀完毕以后，一家人会团坐在桌子旁边，饮着桂花酒，吃着月饼，其乐融融地欣赏明月。老人还会给孩子们讲述嫦娥奔月、吴刚伐树等有关月亮的故事。

## 吃月饼

月饼起源于唐朝，据说唐僖宗在中秋节第一次吃掉了月饼，感觉非常好吃，便命御膳房用红绫包裹月饼赏赐给新科进士们。到了宋代，月饼的制作方法更加精致，味道甜脆香美，深受人们的喜爱。

中国式礼仪

### 燃灯

在广东一带有中秋燃灯的习俗。人们提前用竹条扎成各式各样的灯笼,在中秋节的夜晚将灯笼系在竹竿上面,高高地挂在瓦檐或露台上。一家人齐聚在灯笼下面,尽享天伦之乐。

### 观潮

"定知玉兔十分圆,已作霜风九月寒。寄语重门休上钥,夜潮留向月中看。"这是宋代大诗人苏轼所写的《八月十五日看潮》诗。中秋观潮也是江浙一带的古老风俗,也是古时候民间的中秋盛事。

### 走月

古时候人们还有在中秋节走月的习俗。在皎洁的月光下,身穿盛装的人们结伴成群,或在街市上漫步,或乘船在河上漂游,或登上高楼赏月,这些中秋活动就被称为"走月"。

### 赏桂花

古人还有中秋吃月饼、赏桂花的习俗。人们闻着桂花香,望着明月,温馨相聚。

# 重阳节

　　每年的农历九月初九是中国民间传统节日"重阳节",因为这天的月与日恰好都逢九,所以又称为"重九"。古人认为九九重阳是非常吉祥的日子,会举行各种庆祝活动祭拜天帝和祭祖。如今,人们又为重阳节增添了感恩敬老的内涵,借"久久"之意祝福老年人福寿绵长。

中国式礼仪

礼仪小故事

## 重阳节的来历

相传西汉时期有一位得道的高人叫费长房,他收了一个徒弟叫桓景。有一天,费长房掐指一算,皱着眉头对桓景说:"九月九日那天你家将有大难,你现在赶紧回家,让家人把装满有茱萸的红色布袋系在手臂上,然后登上高山,喝菊花酒,便可以避免这场灾祸。"桓景听了师傅的话,急忙赶回家中,带着全家登上高山。到了傍晚时分,他们才下山回家,结果发现留在家里的牛羊鸡犬全都死掉了。从此以后,每年的重阳日,人们都会登高、插茱萸、饮菊花酒,以求家人平安。

### 登高

金秋九月,天高气爽,正是爬山登高的好时节。登高既能锻炼身体、健身祛病,又能欣赏美景、心旷神怡。早在西汉时期,民间在重阳节就有了登高望远的习俗。

### 插茱萸

茱萸是一种带有香味的植物,具有杀虫消毒、逐寒祛风的功能。农历九月,茱萸会结出气味芬芳的红色果实。古时候,人们认为插茱萸可以避疫祛病,于是在唐朝之前,重阳节插茱萸盛行一时。

### 戴菊花

唐朝以后,古人认为菊花具有淡泊名利的寓意和驱邪避灾的功效,因此兴起了在重阳节头戴菊花的风俗。唐朝诗人杜牧的诗句"尘世难逢开口笑,菊花须插满头归"描写的就是人们重阳簪菊的景象。

### 赏菊

赏菊可以说是古代重阳节民俗活动中,最受文人墨客喜爱

中国式礼仪

的环节，历代文人都留下了重阳赏菊的名篇，比如"待到重阳日，还来就菊花。""九日重阳节，开门见菊花。"等等。时至今日，一些城市还会在重阳节举办赏菊活动。

### 吃重阳糕

重阳糕又叫做花糕、菊糕、五色糕，通常做成九层，就像一座小宝塔。有些重阳糕上面还附有两只小羊，取重阳（羊）的含义；有些则会在重阳糕上面插一面小红纸旗，代替红色的茱萸果实。

### 饮菊花酒

菊花酒在古代被看作是重阳必饮、祛灾祈福的"吉祥酒"。人们会在农历九月初九这一天，采下初开的菊花和一点青翠的枝叶，掺和在准备酿酒的粮食中一起酿酒。到了第二年的九月初九，人们再把酒罐打开，与家人共饮菊花酒。

# 腊八节

古代人把农历十二月初八这天称为腊日，俗称"腊八节"。俗话说："小孩小孩你别馋，过了腊八就是年。"腊八节是腊月里最重大的节日，它的到来意味着过年的序幕正式拉开，家家户户都开始为过年做准备。

中国式礼仪

礼仪小故事

## 腊八节的来历

据说当年朱元璋落难被关进了监牢里,正逢寒冬腊月,朱元璋又冷又饿。他无意中发现监牢里有一个老鼠洞,从里面竟然刨出了红豆、大米、红枣等七八种五谷杂粮,便用这些粮食熬了一碗粥充饥。那一天正好是腊月初八,朱元璋便将那碗粥取名为"腊八粥"。后来,朱元璋平定天下,为了纪念在监牢中那段特殊的日子,他下令把农历十二月初八这天定为"腊八节"。

### 祭祀

从先秦开始，腊八节就有祭祀祖先、神灵，祈求丰收和吉祥的习俗，人们希望通过祭祀，祈求佛祖和先人的庇佑。

### 土鼓送寒

谚语说："腊鼓鸣，春草生。"土鼓送寒是古老的年节礼仪传统，古人在腊八这天会早早敲响年鼓，用响亮的鼓声奏响送冬迎春的年节序曲。

### 驱逐瘟疫

古时候，人们会在头上戴上各种面具，用击鼓逐疫的方式，成群结队地挨村逐屋进行环境清洁，准备迎接新春的到来。

### 吃腊八粥

腊八节这天，我国大多数地区都有吃腊八粥的习俗。腊八粥是由大米、小米、糯米、红豆、芸豆、红枣、花生、莲子、桂圆、葡萄干等多种食材熬成的粥，通常会根据喜好选择八样食材。腊八粥煮好后要先敬神祭祖，再赠送亲友，最后才是全家人一起吃。

### 腌腊八蒜

腊八蒜是一种在中国北方比较流行的传统小吃，指的是用醋腌制的蒜，颜色翠绿，口味偏酸、微辣。由于人们通常在腊月初八进行腌制，所以叫做"腊八蒜"。

### 吃腊八面

在一些不出产稻米的地方，流行着吃腊八面的习俗。腊八面用各种蔬菜做成香喷喷的臊子，然后浇在刚出锅的面条上配着一起吃。

### 吃腊八冰

古时候，在腊八节前一天，人们会舀上一盆水，放在院子里冻成冰块。到了腊八节，人们把冰从盆里取出来，然后敲成碎块。据说腊八节这一天的冰块具有神奇的作用，大人小孩吃了它以后一年都不会闹肚子疼。

# 小年

　　小年是中国民间传统节日，也叫做"灶神节""祭灶节"等。北方地区一般将腊月二十三称为小年，而南方大多数地区将腊月二十四称为小年。小年通常被视为是"忙年"的开始，意味着人们要开始准备年货、扫尘和祭灶了。

## 礼仪小故事

### 灶王爷的故事

在民间传说中,灶王爷除了掌管人们的饮食外,还负责考察人间的善恶。据说,每年的腊月二十三这一天,灶王爷都要上天向玉皇大帝禀报每家人的善恶,请玉皇大帝进行赏罚。为了不让灶王爷说自己家的坏话,人们送灶的时候,会在灶王像前的桌案上供放糖果、清水、料豆和草料,后面三样是为灶王爷上天骑的马准备的物品。祭灶时,人们还要把糖(或蜜)融化,涂抹在灶王爷的嘴上,让灶王爷的嘴甜一些,在玉皇大帝面前多说好话,让自己家的日子过得更加红红火火。

## 贴灶神画像

小年是祭祀灶王爷的节日,人们除了给灶王爷供奉瓜果、糕点外,还要更换一副崭新的灶神画像,把旧的画像揭下来,把新的画像贴上去。

## 大扫除

无论南北方都会在小年进行大扫除,北方称为"扫房",南方叫做"掸尘",寓意是把穷运晦气扫出门。小年的早晨,家里的大人就会叫上小孩子们打扫卫生,要将房屋打扫得一尘不染,同时将被褥、旧衣服都清洗干净,将门窗玻璃也擦得亮堂堂的。

## 沐浴理发

在民间的传统习俗中,正月是不能理发的。所以人们会在小年这天沐浴理发,修剪掉上一年的霉运和晦气,洗去过往的尘埃与不如意,然后精神焕发地迎接新年,希望能够带来新一年的好运气。

中国式礼仪

## 蒸花馍

"一家蒸花馍,四邻来帮忙。"腊月二十三以后,家家户户要蒸花馍,每一个花馍就像是一件精美的手工艺品,都让人舍不得吞进肚子里。

## 贴窗花

在北方大多数地区的小年夜这天,老人们会拿出剪刀和彩纸剪一些非常漂亮的窗花,贴到自己家的窗户上。像"喜鹊登梅""莲年有鱼""五福捧寿"等图案,都蕴含着美好吉祥的寓意。瞧!贴上红艳艳的窗花,那喜气洋洋的年味儿一下子就出来了。

## 吃灶糖

灶糖是用麦芽糖凝固而成的一种糖,外面裹着一层芝麻,咬一口齿颊留香、回味无穷。小年吃灶糖,表示人们期待新一年的生活甜甜蜜蜜。